보물지도 7

이 책을 소중한

_____님에게 선물합니다.

_____ 드림

• 기적을 보길 원하는 이들의 꿈의 목록 •

보물지도 7

기획 · 김태광

김태광 김지혜 김흥석 유옥주
어성호 이준희 서명식 김용일 최형선

시너지북

지금 당장 보물지도를 그려라!

우리는 오늘보다 더 나은 내일을 꿈꾼다. 그런 삶을 위해 저마다 치열하게 살고 있다. 하지만 자신의 바람대로 사는 사람은 극소수에 지나지 않는다. 대부분 과거와 같은 삶을 반복하거나 과거보다 더 힘든 삶을 살고 있다. 나는 그 이유를 삶의 등대가 되는 '보물지도'에서 찾았다. 모든 성공자들은 크든 작든 자신만의 그 '무엇', 바로 보물지도를 갖고 있었다.

우주의 법칙은 '이미 이루어진 것처럼'에 있다. 성경에는 "내가 너희에게 말하노니 무엇이든지 기도하고 구하는 것은 받은 줄로 믿으라. 그리하면 너희에게 그대로 되리라."라는 말이 있다. 아직 바람이 실현되지 않았지만 이미 이루어진 것처럼 생각하고 행동하라는 뜻이다. 성공은 마치 그것이 이미 이루어진 것처럼 사는 사람들에게 주어지는 선물 같은 것이다.

　이 책에는 9명의 보물지도가 그려져 있다. 나는 모든 이들의 보물지도가 꼭 이루어지리라 확신한다. 자신의 보물지도가 무엇인지 안다는 것만으로도 보물지도를 향한 향해가 시작되었기 때문이다. 농부는 씨앗을 심고서 그 씨앗이 자라나지 않을까 전전긍긍하지 않는다. 가슴 뛰는 꿈과 성공 역시 생명이 있는 씨앗이다. 따라서 어떻게 실현될 것인지에 대해 고민하거나 의심해선 안 된다. 반드시 실현된다는 것을 믿어야 한다. 그러면 과거 내가 그랬던 것처럼 여러분 역시 하나씩 보물을 성취해 나가는 쾌감을 느끼게 될 것이다.

2016년 12월
김태광

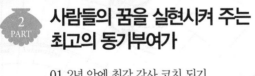

CONTENTS

CONTENTS

어머니 모시고 크루즈 여행 가기

김태광

김태광 🐦

〈한국 책쓰기 성공학 코칭협회〉 대표이사, 〈위닝북스〉, 〈시너지북〉, 〈추월차선〉 출판사 설립자,
대한민국 대표 책 쓰기 비법 스타 강사, 제1회 대한민국기록문화대상 수상

저술과 강연을 통해 600여 명을 작가와 강연가, 코치, 컨설턴트로 만들었으며, 지금까지 200여 권
의 책을 집필했다. 2011년 제1회 '대한민국기록문화대상' 최고기록부문 '책과 잡지분야'를 수상
했고, 2012년에 '대한민국 신창조인 대상', 2013년에 '도전한국인 대상'을 수상했다. 현재 네이버
카페 〈한국 책쓰기 성공학 코칭협회〉를 운영하고 있다.

E-mail vision_bada@naver.com

어머니 모시고
크루즈 여행 가기

"당신의 유년시절은 어떤 색깔입니까?"

나의 어린 시절을 색상으로 비유하자면 잿빛이다. 마치 비를 머금고 있는 구름이 가득한 하늘 같다. 그때를 떠올리면 언제 비가 쏟아질지 몰라 전전긍긍하는 모습들이 풍경처럼 지나간다.

아버지는 평소 가정적인 분이었다. 관절염에 걸린 어머니를 대신해 5일장에서 장을 봐 오셨고 농사일도 거의 혼자서 다 하셨다. 그런데 평소 가정적이던 아버지가 술만 드시면 다른 사람으로 돌변하곤 했다. 아버지는 자주 술을 드셨고 술을 드신 날은 집안이 조용할 리가 없었다.

아버지를 떠올리면 술에 취해 있는 모습이 연상된다. 그 정도로 자주 술에 취해서 고래고래 고함을 질렀고 가족들을 힘들게 했다. 나는 아버지의 그런 모습을 너무나 많이 봐 왔기에 아버지가 술에 취해 들어오면 마음속으로 '아버지가 죽었으면 좋겠다!'라고 생각하곤 했다. 그만큼 아버지가 가족들을 힘들게 했기 때문이다.

지금도 생각난다. 집에서 키운 여러 마리 돼지를 판 날이었다. 이웃 사람의 제보로 아버지가 돼지를 판 돈으로 동네 사람들과 화투를 치고 있다는 말을 듣게 되었다. 고생해서 키운 돼지를 판 돈이 금세 사라질지 모른다는 불안감에 어머니는 늦은 밤에 열 살 남짓한 나를 데리고 아버지가 화투를 치고 있는 곳을 찾기 시작했다. 여러 군데를 수소문한 끝에 어머니와 난 아버지가 있는 곳을 알아냈다. 그곳에 가 보니 아버지는 대여섯 명의 어른들과 함께 화투판을 벌이고 있었다. 각자 앞에 꺼내 놓은 만 원짜리 현금 다발이 수북했다. 내가 아버지와 어른들을 물끄러미 쳐다보고 있을 때 어머니는 고함을 지르면서 아버지 앞에 있는 돈을 주워 담기 시작했다. 순간 함께 화투를 치던 어른들은 귀신을 본 듯 너무나 놀라 아무런 제지도 못했다. 그렇게 그날의 화투판은 종결되었다.

어머니의 등장으로 화투판은 순식간에 끝이 났지만 화가 난 아버지는 집에 와서 고함을 지르며 행패를 부렸다. 물건들을 마당으로 던지며 욕설을 퍼부으셨다. 나와 누나들은 그런 아버지의 모습을 보며 불안감에 휩싸였다. 어머니는 자주 우리에게 집을 떠나고 싶다고 말했다. 하지만 우리가 눈에 밟혀 그럴 수 없었다. 남겨질 우리가 너무나 가엾고 안타까웠기 때문이다. 부모님이 크게 다투고 난 다음 날 학교에 가면 오만 가지 생각이 다 들었다.

'집에 갔는데 엄마가 없으면 어쩌지?'
'정말 엄마와 아버지가 이혼하게 되는 걸까?'
'우리 집은 왜 매일 이럴까? 다른 집들처럼 사는 것이 힘든 걸까?'

이런 생각은 내 마음을 불안감으로 가득 채웠고 난 집에 가기가 두려웠다. 엄마가 없으면 어떡하지, 이런 불안감을 안고 집으로 향했다가 마당에 있는 어머니를 볼라치면 그때까지 가졌던 불안감과 두려움이 안개처럼 사라졌다. 어머니의 모습을 보자 비로소 안심이 된 나는 동네 친구들과 어울려 놀곤 했다. 이처럼 나의 유년시절은 구름 낀 날씨처럼 우중충했다.

아버지는 술을 드시지 않은 날은 가정적인 데다 호인이셨다. 동네 사람들의 부탁을 잘 거절하지 못하고 거의 들어주셨다. 내가 초등학교 2학년 때부터인가 어머니는 동네 근처의 연탄보일러를 만드는 공장에서 3년간 일하셨다. 어머니는 연탄 뚜껑에 주황색 페인트를 칠하는 일을 하셨는데 하루에 600개가량을 칠해야 하는 만만치 않은 일이었다. 쭈그리고 앉아 무거운 연탄보일러 뚜껑에 페인트를 칠하다 보니 무릎이 성할 리 없었다. 그러다 일하던 중 일어서질 못했고 사람들의 도움을 받아 급히 병원으로 향했는데 병명이 관절염이었다. 다음 날부터 어머니는 공장에 나가지 못하고 집에만 계셔야 했다.

당시 어린 마음에 나는 어머니가 공장에 나가지 않고 집에 계시는 것만으로도 행복했다. 부모님 두 분이 공장에서 일할 때면 나와 누나들은 늦은 밤 시각까지 셋이서 있어야 했기 때문이다. 나는 어머니가 집에 계시는 것이 좋았지만 한 푼 벌이가 아쉬운 어머니의 마음은 그렇지 않았다는 것을 많은 시간이 흘러 깨닫게 되었다.

지금 아버지는 세상에 계시지 않는다. 내가 서른을 앞둔 즈음 갑작스럽게 세상을 떠나셨기 때문이다. 당시 아버지의 죽음은 준비 안 된 이별이었다. 그래서 가족들 모두 당황하고 무척 힘들어했던 기억이 난다. 그동안 아버지에게 용돈 한 번 드린 적이 없고 나를 낳아 주시고 키워 주셔서 감사하다는 따스한 말씀 한 번 드린 적이 없어 마음은 미어지기만 했다. 그때는 왜 그렇게 아버지가 밉고 싫고 원망스러웠는지… 하지만 지금은 아버지가 무척 그립다.

나는 살아 계신 어머니에게 잘해 드리기 위해 노력하고 있다. 어머니에게 잘해 드리는 것이 천국에 계신 아버지에게 효도하는 것이라 믿기 때문이다. 내가 어머니에게 해 드리고 싶은 것들이 많지만 그 가운데 하나를 꼽는다면 '유럽으로의 크루즈 여행'이 있다. 물론 나를 비롯해 사랑하는 아내와 아들 태양이와 둘째 승리와 함께 말이다. 유럽의 여러 나라를 도는 동안 영원히 잊히지 않을 멋진 풍경들을 보며 그동안 하지 못했던 이야기를 하고 싶다. 어머니와 함께 유럽으로 크루즈 여행을 갈 것을 상상하자 벌써부터 가슴이 세차게 뛰기 시작한다. 상상만으로도 이처럼 굉장한데 실제로 거대한 크루즈에 몸을 싣는 그 기분은 어떨까?

나는 어머니가 지금처럼 건강하게 오래 사시길 소망한다. 아버지에게 해 드리지 못한 것을 어머니에게 해 드릴 수 있다는 것은 축복이다. 나는 이 축복을 주신 하나님께 감사드린다.

PART 1

청춘에게
용기와
희망을 전하는
메신저

김지혜

김지혜 ♪

고등학교 수학 교사, 자기계발 작가, 동기부여가

고등학교에 재직 중인 14년 차 수학 교사다. 매해 담임교사를 맡으며 학생들과 함께 울고 웃는 값
진 경험들을 했다. 청소년이 행복한 대한민국을 꿈꾸며 10대들의 멘토로서 끊임없는 자기계발로
자기혁신을 실현하는 삶을 살고 있다. 저서로는 《부모님에게 꼭 해드리고 싶은 39가지》가 있으며,
현재 10대의 꿈을 응원하는 자기계발서를 준비 중이다.

E-mail ktwisdom_dodream@naver.com
Blog http://blog.naver.com/ktwisdom_dodream

청춘을 응원하는
베스트셀러 작가 되기

"지혜야, 왜 울어?"

"내일이 시험인데 아무리 애를 써도 잠이 안 와요. 책이라도 보려고 했는데, 불을 켜면 다 깰까 봐 휴대전화 불빛으로라도 보려고 했거든요. 그런데 불빛이 너무 약해서 글자가 안 보이니까 갑자기 서러움이 밀려와서요."

"울지 마, 나도 안 자고 있었어. 난 이번에도 제대로 못 잘 거라고 생각했어. 작년에도 한숨도 못 잤거든."

2002년, 한일월드컵으로 대한민국이 시끄러웠던 그해는 나에게 임용고시 재수라는 시련의 시기였다. 대학시절, 임용고시 가산점이 부여되는 부전공 학점을 채우느라 정신없이 살았다. 대학 졸업 후에는 '임용 삼수는 없다'라는 심정으로 선배들과 매일 스터

디를 했다. 아침 8시부터 밤 12시까지 밥 먹는 시간 외에는 쉬지 않고 공부하다가 병이 나기도 했다. 일주일 동안 아무것도 못 먹어 포도당 링거를 맞고 겨우 회생해 다시 도서관으로 달려가 공부하기도 했다. 컨디션이 안 좋아지면 고민 없이 바로 병원으로 달려가 제일 비싼 링거를 맞으면서 간신히 견뎌 온 1년이었다. 시험 전날 잠을 제대로 못 자서 그동안의 노력에 비해 실력 발휘를 못할 수도 있다고 생각하니 서러움이 밀려왔다. 당시 임용고시에 다섯 번째 도전하며 함께 공부하던 언니의 따뜻한 조언 덕분에 마음을 가라앉히고 겨우 잠에 들 수 있었다. 그리고 2003년, 운명처럼 나는 언니와 함께 같은 학교에 발령을 받게 되었다.

누구보다 열심히 공부했기에 '수학 교사'라는 타이틀이 너무 자랑스럽고 뿌듯했다. 학창시절부터 노래를 부르던 나의 '꿈'이 이뤄진 것이다. 하지만 스물다섯 살에 첫 발령을 받은 나는 누가 봐도 신출내기 애송이 교사였다. 중학교 1학년 남학생 반 담임을 맡아 학기 초 엄청난 서열싸움에 지쳤다. 그리고 학부모와의 상담, 선배 교사들과의 대화에서도 자신감이 없었다. 대학시절 동아리 부회장, 기숙사 자치회 임원을 해 오면서 나름대로 주도적인 성격이라고 생각했는데 교육을 하는 자리, 누군가에게 멘토가 되어야 하는 학교 현장은 너무 큰 무대같이 느껴졌다. 퇴근 시간이 지나도 퇴근할 수 없는 날이 늘어만 갔다. 어떻게 살아야 할지 고민이 되었다.

'나는 왜 선생님이 되고 싶었지?'

'어떤 노력을 해야 하지?'

'나는 어떤 사람이지?'

고민에 고민을 거듭하며 '나'에게 수많은 질문들을 마구 쏟아 부었다. 다른 선생님들은 모두 노련하고 적절하게 학생에게 필요한 조언과 격려의 말을 해 주는 것처럼 보였다. 동료 교사들은 가족처럼 서로 의지하며 지냈고 시간이 날 때마다 자신이 어떻게, 얼마나 잘하고 있는지 이야기하느라 정신이 없었다. 선배 교사들은 노련함을 얻기까지 많은 시간과 노력이 필요했다고 말했다. 나는 내가 제대로 잘하고 있는지 확신이 없었다. 진짜 꿈이 무엇이었는지 진지하게 생각하기 시작했다. 임용 재수 때만큼 치열하게 '나'에 대해 고민한 끝에, 나는 세상 속에서 다시 배우기로 결심했다. 그래서 목록을 작성했다.

1. 평범한 사람들의 기준에 맞는 사람이 되자. (운전면허증 따기, 운동하기 등)

2. 수학 교사로서 전문성을 갖추자. (대학원 진학하기)

3. 독서, 여행을 통해 다양한 문화와 사람을 접하자.

4. 외국어 공부를 꾸준히 하자.

이런 목록들을 정한 이유는 '말이 통하는 교사'가 되고 싶었기 때문이다. 교과서처럼 딱딱하고 지루하게 이야기하는 교사가 될까 봐 두려웠다. 임용고시라는 장치를 무사히 통과했지만 그 나이에 해야 할 고민, 취미, 방황을 하지 못했으니 지금에라도 해야 한다고 생각했다. 세상에서 배워야 할 많은 부분을 미뤄 두고 하루 종일 책상에 앉아 공부만 하며 그것이 최선이라고 여겼던 자신이 안쓰러웠다. 한편으로, 지금부터라도 조금씩 채워 가면 된다고 스스로를 격려했다.

어느덧 13년이라는 시간이 흘렀다. 세상을 처음 접하고 깜짝 놀라 도망칠 뻔한 애송이 교사였던 나는 소심하게, 서툴게 조금씩 내면을 채웠다. 그리고 열두 번의 담임교사를 거치며 현장에서 구르고 깨지고를 반복했다. 그러다 보니 깨알 같은 스킬과 노하우가 생겼고 힘들게 적어 내려갔던 목록은 이미 경험했거나 당연한 나의 것들이 되어 있다.

하지만 요즘 들어 사춘기가 다시 찾아온 것 같았다. 다시 애송이로 돌아가는 느낌이었다. 분명히 나는 '잘 살자, 잘 살자' 되뇌며 스스로 긴장의 끈을 놓지 않으려고 애썼는데, 불현듯 아무것도 남지 않은 빈털터리처럼 느껴졌다. 사람들은 나를 아직 결혼도 못한 여자로만 보았고 그동안 꿈꾸며 살아온 시간들에 회의를 느끼게 하는 발언들도 서슴지 않았다. 그래서 나는 치열하게 '나'를 다시 보기 시작했다.

'인도, 이집트, 요르단, 중국, 태국, 유럽 등지를 배낭여행 하며 나를 알아 가려고 노력했는데… 대학원에 진학해 존경하는 동료들과 함께 공부하며 나의 한계를 깨고자 했는데… 중국의 한국학교에서 근무하며 새로운 문화에 신선한 충격도 받고 다양한 학생들을 마주하며 교사의 역할에 대해 진지하게 고민도 했는데… 왜 남은 게 없지?'라는 생각이 들었다. 누군가의 위로를 받고 싶었다. '너는 누구보다 잘해 왔다. 그동안 애 많이 썼다'라고 말해 줄 누군가 필요했다.

"당신 또한 살아가면서 겪은 일을 통해 많은 것을 배웠으리라. 좋았던 시절도, 힘들었던 시절도 모두 중요하며 이 모든 경험에서 배운 교훈들은 모두 소중하다. 삶이 항상 평온하지는 않았을 것이다. 왜 이런 어려운 일을 감내해야 하는지 또는 왜 성공하려고 그토록 노력해야 하는지 납득할 수 없었을 때도 있었을 것이다. 바로 그러하기에 당신이 힘든 시기를 헤쳐 나와 소중한 교훈을 얻었다면 그것을 다른 사람들에게 알려 그들이 나만큼 힘든 일을 겪지 않도록 돕는 것이 의무라고 생각하지 않는가."

브렌든 버처드의 《메신저가 되라》에 나오는 구절이다. 나는 이 책을 읽으면서 온몸의 세포가 다시 살아나는 느낌을 받았다. 인생의 전환점으로 책을 써야겠다는 확신이 들었다. 내가 살아온 길이 결코 헛되지 않다고, 잘 살아왔다고 세상에 당당히 얘기하고 싶어서 책 쓰기를 시작하려고 한다.

매 순간 제대로 살고자 노력한 나의 이야기를 담아 세상과 치열하게 맞대결하고 있는 청춘들에게 용기와 희망의 메시지를 전하는 책을 쓸 것이다. 베스트셀러 작가로 다시 세상에 데뷔해 꿈꾸는 삶의 메신저가 되는 것이 나의 꿈이다.

마음이 딱 맞는
꿈의 배우자와 행복하게 살기

2년 전만 해도 "빨리 좋은 사람 만나야지. 좋은 사람 없어?"라는 질문을 많이 받았다. 그랬던 내가 서른여덟 살이 되면서 겪게 된 가장 큰 변화는 "왜 결혼 안 하셨어요?"라고 묻거나 차마 직접 물어보지는 못하고 "아, 죄송해요. 결혼하신 줄 알고…"라는 말을 듣는 상황이 많아졌다는 것이다. 이럴 때면 나는 당황스럽다. 지금껏 결혼을 하지 않은 것은 결혼을 하지 못할 특별한 이유가 있거나 결혼할 '타이밍'을 놓쳐서도 아니라고 생각하기 때문이다.

어떤 사람들은 나를 '골드미스'라고 부르기도 하고 '눈이 높다'라고도 한다. 때로는 '노력을 안 해서 그렇다'고 하는 사람도 있다. 그들은 '혼자서 끙끙대며 살아가는 게 안쓰럽다', '나중을 생각해라', '더 늦기 전에 노력해야 결혼을 할 수 있지 않겠나!' 하는 이유로 나보다 더 나를 걱정한다. 그래서 요즘 내 머릿속에는 '결혼

이 내 인생의 과제인가? 목표인가?', '나는 독신주의자인가?' 등의
질문으로 가득 차 있다.

30대 중반까지 쉰 번 이상의 소개팅을 주선받았다. 주위 동료
들은 적당한 외모와 성격을 갖추었다고 판단되는 나에게 소개팅
의 기회를 많이 주었다. 친구 중에는 남편과 부모님의 인맥을 활
용해 '나를 결혼시켜서 옷 한 벌 얻어 입겠다'라는 다소 현실적인
목표를 세우고 소개팅을 잡아 주는 친구도 있었다. 애프터 신청도
많이 받았다. 다른 직업, 배경을 가진 사람을 만나는 것이 즐거웠
지만 끝까지 만남이 지속되는 경우는 거의 없었다. 학교 일, 대학
원 공부 등을 이유로 연락이 끊긴 경우도 있었고, 뭉그적거리다가
애매한 상황이 되기도 했다.

주위 사람들은 재지 말고 그냥 한번 만나만 보라고 조언했지
만 시간이 아까웠고 불확실한 만남에 집중하는 것이 영 내키지
않았다. 사람들은 혼자인 삶에 익숙해져서 누군가를 만나는 것이
힘든 것은 아니냐며 걱정했다. 나는 혼자 여행할 수 있는 사람이
고 언제나 계획한 대로 목표한 바를 이뤄 왔다. 그런 내 모습이 다
른 사람의 눈에는 혼자서도 잘 사는 사람으로 보일 수도 있겠다.

하지만 나를 포함해 '혼자'가 자연스럽고 익숙한 사람은 없다
고 생각한다. 나는 스물네 살 때 임용고시를 준비하며 가끔은 혼
자 밥을 먹어야 했다. 삶이 고달픈 고시생들이라 타인과 시간을
맞추는 것이 힘들었기 때문에 일주일에 한두 번은 그런 날이 생

겄다. 그럴 때마다 나는 아무렇지도 않은 척했지만 최대한 구석진 곳에, 장사가 잘되지 않는 집을 찾아가서 고개를 파묻고 밥을 먹었다. 그 순간만큼은 혼자인 것이 너무 싫었다. 혼자 밥을 먹는 것이 잘못은 아니지만 뭔가 잘못한 기분이 들었고 길지도 않았던 식사시간 30분의 외로움이 너무 컸다. 하지만 교사가 되고 결혼을 하지 않은 나는 '자유의지'로 삶을 이끌기 위해 노력해 왔다. 자연스럽게 혼자인 것이 덜 불편한 사람이 되어 가고 있다.

가끔은 사람들이 이야기하는 것처럼 '결혼을 위한 노력을 했어야 했나?'라고 생각했다. 하지만 그런 생각에 한번 빠져들면 어떤 노력을 해야 하는지, 어떤 사람을 만나야 하는지, 노력을 해서 만났다면 어떻게 결혼으로까지 연결될 수 있는지 등등 도무지 알 수 없는 불편한 질문들만 떠올랐다. 아무리 생각해도 나에게 '결혼'과 '노력'이라는 두 단어는 연결 짓기가 힘들었다.

법륜 스님은 결혼을 왜 해야 하는지 고민하는 이에게 "결혼을 해야 된다는 법도 없고 결혼을 안 해야 된다는 법도 없다. 결혼을 했으면 결혼생활이 행복하도록 하고, 혼자 살면 혼자 사는 것이 행복하도록 해야 한다. 행복은 결혼 자체와는 상관없는 것이다."라고 말했다. '행복과 결혼은 무관하다!' 비록 결혼을 하지 않은 스님의 말씀이지만 나의 생각을 대변해 준 것 같아 기뻤다.

결혼에 대한 생각은 항상 내가 어떤 삶을 추구하는지에 대한 질문으로 돌아온다. 사람들이 바쁘고 힘든 삶을 견뎌 내는 이유는 행복한 내일을 꿈꾸기 때문이라고 생각한다. 나도 마찬가지다. 결혼에 대해 고민하는 근본적인 이유는 결혼한 삶이 더 행복할 수 있다는 생각 때문이다.

나와 가까이 지내는 공무원 부부가 있다. 이 부부는 평소 친구처럼, 오누이처럼 사이좋게 지낸다. 그들은 아이들 교육문제, 가사문제, 경제문제 등이 생겼을 때 자신의 생각을 정확하게 표현하면서도 항상 서로를 인정하고 믿어 준다. 옆에서 지켜보면 함께 인생을 그리고 살아가는 모습이 너무나 인상적이고 감동이다. 세상에 이런 부부가 얼마나 있을지는 미지수다. 하지만 이 부부를 볼 때마다 부러움이 밀려들었다. 그리고 나에게도 이런 삶이 가능하지 않을까 하는 희망을 갖게 되었다.

지금껏 쉰 번 이상의 소개팅을 했지만 아직도 혼자인 내가 진짜 원하는 것이 무엇인지 알고 싶어졌다. 진솔한 나와 마주하는 것은 생각보다 부끄럽고 어색했다. 생각해 보니 나는 '이상형'이 없다. 항상 '괜찮은 사람', '좋은 사람'이라는 광범위한 범주에서 막연하게 꿈의 배우자를 그려 왔다. 그래서 이번에는 최대한 구체적으로 이상형을 써 보기로 마음먹고 펜을 잡았다.

1. 긍정적이고 잘 웃는 사람

2. 나를 있는 그대로 이해해 주는 사람

3. 나의 꿈을 응원해 주는 사람

4. 꿈이 시키는 일을 할 용기가 있는 사람

5. 무슨 일이든 끝까지 하는 사람

6. 좋은 아버지가 될 수 있는 사람

몇 개 적다 보니 '나의 이상형은 정말 이상적이구나'라는 생각이 들었다. 이런 이상적인 사람을 어떻게 알아채고 확신을 가질 수 있을까 하는 의문이 들었다.

곰곰이 생각해 보다가 '이상형'을 '친구형'으로 바꿔서 생각해 봤다. 나의 친구들 중에는 위의 항목에 해당하는 '절친'들이 있다. 그들은 내가 새로운 시도를 할 때마다 '너 같은 친구가 있어서 자랑스럽다, 대단하다'라며 응원해 주고 자신들도 꿈을 위해서 육아와 공부를 병행하며 부단히 노력한다. 그런 친구들의 응원 덕분에 가끔 헛물켠다는 생각이 들 때도 정신 차리며 방향을 잃지 않고 웃을 수 있었다.

문득 친구들로 채워져 있던 나의 영역에서 결혼과 육아로 하나둘씩 사라진 친구들의 자리에 누군가 필요하다는 생각이 들었다. 누구나 단점을 가지고 있지만 '절친'들의 단점은 나에게는 전혀 문제가 되지 않았다. 이유는 바로 마음이 '딱' 맞았기 때문이다. 그래서 나는 위에서 나열한 이상형 항목들을 '마음이 꼭 맞는 사람'이라고 하나로 묶고 싶다.

'사람마다 때가 있다', '결혼은 현실이다'라고 하지만, 나는 서두르지 않을 것이다. 독신주의자도 아니고 결혼 자체가 목표가 아닌 나는 지극히 정상적이고 평범한 사람이다. 단지 '때'에 맞춰 살아가는 사람들의 기준에 나를 끼워 맞추고 싶지 않을 뿐이다. 최대한 나답게 살아가는 상황에 집중하고 마음을 열고 세상을 보려고 한다. 나에게도 분명히 '꿈'의 배우자가 있을 것이다. 알아채기만 하면 된다. 인생 2막에서 '꿈'의 배우자와 함께할 행복한 삶을 꿈꾸며 오늘 하루도 나답게 하루를 채워 갈 것이다.

해외 한국학교에서
파견교사로 근무하기

중국, 일본, 베트남, 인도네시아 등지에 재외한국학교가 있다. 한국 기업의 해외 진출 또는 해외에서 자영업을 하는 사람들이 늘어나면서 자연스럽게 그들의 자녀교육도 경제생활만큼 중요하게 여겨지고 있다. 통계청의 자료에 따르면 "재외공관의 숫자는 외교적 관계, 교역규모, 교민현황 등 국가의 경제력 및 외교 수요에 영향을 받는다."고 한다. 중국에만 8곳의 한국 총영사관이 있으니 재외국민의 수도 짐작할 수 있다.

이에 중국에는 양국의 인가를 받은 한국학교(또는 한국국제학교)의 수가 12개에 이르고 지역에 따라서는 학생 수가 꾸준히 증가하는 곳도 여럿 있다. 현지에서 중국 정부의 인가만 받은 한국학교까지 생각한다면 그 수는 상상 이상이다. 비단 중국뿐만 아니라 베트남의 호치민, 하노이, 일본의 동경, 오사카, 인도네시아의 자카르타에도 한국학교에 다니는 학생들이 많은 것으로 알고 있다.

내가 재외한국학교에 관심을 가지게 된 것은 2006년 대학원 수업 때였다. 중국의 대련한국국제학교에서 근무하셨던 역사 선생님의 발표수업을 듣게 되었다. 이때 선생님이 중국에서의 한국학교 생활에 대해 언급하며 흥분하던 모습이 인상적이었다. 무엇보다 '한국학교'라는 표현이 신기했고 '나도 언젠가 기회가 되면 한국학교에서 근무해 보고 싶다'라고 생각했다.

우연히 접하게 된 한국학교는 이후 나에게 현실이 되었다. 2009년에는 중국 요녕성 심양시에 위치한 심양한국국제학교에서 근무했고, 2013년부터 3년 동안 산동성 연대시의 연대한국학교에서 근무했다. 재외한국학교에 근무하면서 주위 사람들로부터 많은 질문을 받았다. 개인적인 질문부터 한국학교의 구체적인 실정에 이르기까지 사람들의 관심은 의외로 다양했다. 교직생활 중 한번쯤은 해외에서 교사생활을 하고 싶다는 꿈을 가진 사람들이 많다는 것을 알게 되었다. 나도 처음에는 새로운 세계에 대한 동경과 단순히 환경을 바꿔 보고 싶다는 생각으로 한국학교에 지원했다.

심양에서의 교직생활은 이런 막연한 생각들에서 벗어나 정확하게 현실을 직시하게 된 계기가 되었다. 한국에서도 혼자서 모든 것을 해 왔기 때문에 다른 나라에서 직장생활을 한다는 것에 대한 부담감은 크지 않았다. 자기관리를 철저히 하고 주변 환경에 적응을 잘하면 된다고 생각했다. 하지만 해외 한국학교는 단순히 학교라는 존재로서만이 아닌, 교민사회와 유기적으로 연결되어 있는 한국사회의 축소판이었다. 규모는 작지만 하나부터 열까지 쉽게 되는 것이 하나도 없었다.

학교생활뿐만 아니라 중국생활도 쉽지 않았다. '내가 이렇게 의존적인 사람이었나?'라고 생각될 만큼 말 한마디 안 통하는 중국에서 나 혼자 해결할 수 있는 일은 거의 없었다. 가령 전기세, 난방비 같은 공과금 처리부터 휴대전화 요금 납부, 영수증을 받는 법까지 생활 면면에서 주위 사람들에게 의지해야 했다. 학교에서도 필요한 학습 자료나 물품 구입, 프린터기 토너 교체 등등 행정실의 중국 직원들을 통해야만 하는 상황이 빈번하게 일어났고 급하면 학생들의 통역 도움을 받아 문제를 해결했다.

이렇게 순탄하지 않은 학교생활이었지만 한국학교에 근무하며 색다른 교수 학습 상황과 다양한 학습 배경을 가진 학생들과의 만남을 통해 나는 진지하게 '교사다운' 생각을 할 수 있었다. 중·고등학교를 넘나들며 4~5개 교과를 모두 가르쳐야 하는 상황에서 교재 연구에 허덕이기도 했다. 하지만 '어떻게 하면 역할을 제대로 할 수 있을까'라는 고민을 하면서 '교사로서의 나'에 대해 다방면에서 접근하는 기회를 가질 수 있었다.

짧고 강렬했던 심양에서의 근무 경험을 바탕으로 나는 중국 연대한국학교에서 두 번째 재외교육기관에서의 교직생활에 도전했다. 같은 중국지역이라 학교 및 현지 생활을 나름대로 설계해보고 다양한 상황에 대한 마음의 준비도 단단히 했던 기억이 있다. 하지만 막상 현실에 부닥쳐 보니 심양과 다른 연대한국학교만의 상황과, 똑같은 한국학생이지만 각기 다른 배경을 가진 학생들을 이해하는 데 많은 시간과 노력이 필요했다.

한국에는 각 지역 교육청마다 특유의 분위기와 시스템이 있다. 반면 재외한국학교에는 학교마다 다른 일처리 방식과 구성원들을 통합시키기 위한 다양한 의사결정 방식이 존재했다. 그리고 부모의 상황에 의해 해외생활을 오랫동안 하는 학생들이 많았다. 한 교실 안에는 중국 내 다른 지역에서 전학을 오거나 미국, 캐나다 등의 국제학교 출신, 한국어보다 중국어가 훨씬 자연스러운 학생들이 섞여 있었다. 우리나라 교육과정을 따르는 한국학교지만 학생들의 배경이 다양하므로 같은 내용을 가르치고 배우더라도 학생마다 학습결손 또는 누락되는 내용이 있을 수 있다는 점을 항상 고려해야 했다.

3년 동안 매년 11학년(우리나라 고2) 담임을 맡았지만 매 순간이 새롭고 달랐다. 작년에는 한국어 봉사활동 담당자로서 매주 토요일마다 학생들을 인솔해 한국어 봉사활동에 참여하기도 했다. 한국어를 배우고 싶어 하는 중국 대학생들과 한글교육에 애

착을 가지고 아이들이 우리말을 잊지 않도록 하기 위해 노력하는 조선족 한글교육 단체도 알게 되었다. 빡빡한 학교생활이었지만 중국어 공부를 꾸준히 한 덕에 생활면이나 학교 업무면에서 스스로 해결 가능한 영역이 넓어졌고 자신감도 생겼다. 수학 교사로서 중국어 공부를 하며 학생들에게 외국어 공부의 필요성을 직접적으로 이야기할 수 있게 되었다는 것도 큰 성과였다.

3년간의 연대한국학교에서의 치열했던 학교생활을 끝내고 올해 한국으로 돌아왔다. 나는 어떤 결정을 내릴 때 주어진 상황에서 가장 힘들 것 같은 경우를 선택하는 경향이 있다. 책임감, 리더십, 포용력, 결단력, 자기관리력을 모두 갖춰야 하는 자리인 재외한국학교 교장이 되고 싶다고 생각한 적이 있다. 하지만 정신을 차리고 보니 현실적으로 불가능해 보였다. 재외한국학교 교장이 되려면 최소 교감 자격이 있어야 하는데 승진에 뜻이 없는 나는 해당 사항이 없었다.

작년부터 몇몇 재외한국학교에서 파견교사제도를 부활시켰다. 나는 중국의 한국학교에 초빙교사로서 간 것으로, 한국에서는 휴직교사 신분이었다. 초빙교사와 파견교사의 차이는 막중한 '책임감'일 것이다. 얼핏 듣기에 '파견교사'라고 하면 상당히 멋있어 보이지만 재외한국학교를 경험해 본 나로서는 엄청난 도전처럼 들린다. 자칫 잘못해 정신을 놓으면 임기를 채우지 못하고 한국에

소환되는 경우가 생길 수도 있다. 그럼에도 불구하고 나는 파견교사에 지원하고자 한다.

　많은 사람들이 교사라고 하면 안정적인 직업이라며 부러워하지만, 나는 애초부터 안정을 추구하기 위해 교사가 된 것이 아니다. 나는 단지 학교라는 공간과 수학을 사랑하는 한 인간으로서 매년 나의 역할을 다하고자 부단히 애쓰는 한 사람일 뿐이다. 30대 초·중반에 재외한국학교에서 근무한 경험과 입시지도 노하우를 다듬어서 파견교사로서의 역할을 하고 싶은 것이 지금의 꿈이다.

　재외한국학교 학생들은 해외에 오래 살면서 한국생활을 동경하고 한편으로는 한국에 대한 막연한 두려움을 가지고 있다. 나는 그동안 부족한 나를 믿고 따랐던 한국학교 학생들에게 진정한 멘토가 되고 싶다. 그리고 파견교사로서의 나의 역할을 다해 재외한국학교의 발전에 기여하고 싶다.

10대를 위한
꿈맥 아카데미 설립하기

　최근 '오마이뉴스'의 대표이자 《우리도 행복할 수 있을까》의 저자인 오연호 씨의 강연을 들었다. 그는 행복지수 1위인 덴마크 사회를 취재하면서 그들 또한 150년을 투자해 지금의 행복사회를 누리게 되었음을 알게 되었다고 한다. 나는 강연을 통해 우리도 행복한 삶을 꿈꿀 수 있다는 기대감이 들었다. 나는 공립학교 교사로서 무엇보다 학교와 교육에 관련된 내용에 눈이 머물렀다. 그는 책의 서문에서 이렇게 말한다.

　"경쟁에서 살아남아야 한다는 압박감은 내가 누구인지, 어떤 인생을 살 것인지, 내 이웃은 안녕한지 차분히 생각할 틈을 주지 않았다. (…) 덴마크를 취재하면서 많은 것이 부럽기도 했다. 우선 대학생과 고등학생 두 아이를 둔 아빠로서 덴마크의 학생들이 부러웠다. 그들은 성적과 취업에 대한 걱정 대신 여유를 가지고 어떤 인생을 살 것인가를 고민했다. 행복한 인생, 행복한 사회는 행복한 교실에서부터 시작되고 있었다."

　나는 고3 담임을 세 번째 맡고 있다. 다 아는 사실이지만 우리나라 중·고등학생들은 어느 나라의 청소년들보다 열심히 산다. 특히 우리나라에서 고3이라고 하면 마치 스무 살이 되기 전에 혹독한 통과의례를 치르는 것처럼 엄청난 스트레스를 받아야 하는 시기로 여겨진다. 그 이유는 개인마다 조금씩 다르겠지만 한국사회에서 버젓한 직업을 구하고 남들만큼 잘 살기 위해서일 것이다. 공부를 잘하건 못하건 어두운 긴 터널을 침묵으로, 인내심으로 버텨 내야 한다.

　대부분의 학생들은 이렇게 호소한다.

　"하고 싶은 것은 진짜 많은데 무엇을 어떻게 해야 할지 모르겠어요."
　"저는 목표가 없어요. 성적에 맞춰서 대학에 가야 할 것 같아요. 이래도 되는지 걱정이에요."

　학생들은 성실하게 학교생활을 하며 뒤처지지 않으려고 노력해 왔다. 가끔은 부모님과 선생님으로부터 칭찬도 받으면서 '나는 잘하고 있다'라고 여기며 지내 온 19년이다. 하지만 아직도 '자신이 누구인지', '무엇을 잘하는지'에 대한 고민을 대학입시를 코앞에 두고 재촉당하며 '꿈'이 없는 자신의 모습에 힘들어하는 학생들이 많다. 일반적인 어른들의 생각과는 다르게 성적이 좋아서 한 의사가 되겠다고 목표를 정한 학생도 '대학에 입학해서 적성에 안 맞으면 어떡하지'라고 고민한다. 이처럼 '목표'는 있지만 '꿈'이 없는 학생들을 만날 때면 안타깝다. 자신의 진짜 마음을 모르기 때문이다. 그렇다면 '나'를 알기 위해서는 무엇을 해야 할까.

나는 책을 통해 덴마크의 인생학교 '애프터스콜레'에 대해서 알게 되었다. 우리나라의 자유학기제나 방과 후 학교와는 다른, 10학년(고1) 과정을 통째로 뺀 '인생설계학교'다. 그래서 덴마크에서는 초등학교 9학년이 끝나면 바로 다음 과정인 고등학교가 11학년부터 시작된다고 한다. 너무나 획기적이고 신선했다. 덴마크 예찬론자는 아니지만 어떤 인생을 살 것인지, 자신이 원하는 삶을 살아보기 위해 1년을 비우는 그들의 생각에 충격을 받았다.

'12년간의 학령기에서 중요한 고등학교 시기를 1년 비운다…. 우리나라에서도 가능할까? 우리나라에도 대안학교가 있지만 다른 개념이다. 우리 현실에서는 불가능해 보인다. 덴마크 교육이 부러우면 지는 것일까.'

나의 머릿속에서 한참 동안 '공부보다는 인생설계가 중심이다'라는 구절이 떠나지 않았다. 무엇이든 우선하는 것은 '나'를 아는 것이고 '나'를 알기 위한 노력은 필수라는 생각이 들었다. 그렇다면 어떻게 해야 할까.

학교에서 정해진 교육과정에 따라 공부하고 착실히 학교생활을 하여 성실함과 자기주도학습력을 확인받고 인정받는다고 하더라도 이것으로 자신을 알 수는 없다. 진정으로 원하는 공간에서 있는 그대로의 자신을 펼쳐야 '내가 어떤 생각을 하고, 언제 행복함을 느끼는지, 무엇을 잘할 수 있는지'를 스스로 알아챌 수 있다고 생각한다. 답은 없다. 자신을 세상에 올려놓을 기회가 필요하다. 행복한 인생을 설계하기 위해 나를 알아야 하고 내가 꿈꾸는 것이 무엇인지 구체화해야 한다.

'꿈꾸는 삶은 행복하다!'

교사가 된 뒤에 나에게는 더 많은 꿈이 생겼다. 막연하게 좋은 교사가 되고 싶다는 꿈을 가지고 다양한 경험을 시도했다. 그러면서 많은 사람들을 만났고 나의 '꿈'은 마인드맵에 가지를 더해 가듯 뻗어 나갔다. 운이 좋게도 꿈을 이야기할 수 있는 다양한 사람들을 만났다. '꿈'은 신기하게도 이야기하고 나눌수록 커져 갔다. 그리고 나도 모르게 구체적인 그림을 그렸다.

열두 번의 담임을 맡으면서 학생들과 상담을 통해 많은 이야기를 나누었다. 10대들은 친구, 외모 등 고민이 아주 많다. 고민의 대부분은 사춘기를 겪으면서 관점이 달라지거나 극복되기도 한다. 우리 학생들이 안쓰럽고 이 사회의 어른으로서 고민이 되는 때는 꿈꾸지 않는 현실에 노출된 학생들을 볼 때다.

　어떤 인생을 살 것인지를 생각하는 것은 꿈이 무엇인지를 찾아 가는 과정이다. 철저하게 계획을 세우고 그 계획을 하나씩 실현해 나간다 하더라도 꿈이 없는 현실은 결코 행복을 줄 수 없다. 만약 나에게 학생들에게 꼭 당부하고 싶은 말을 하라고 한다면 주저 없이 "꿈을 가져라."라고 말할 것이다.

　중·고등학교를 다니며 부단히 노력하지만 막바지 고3이 되어서는 결국 현실과 타협해 버리는 10대들에게 용기를 주고 꿈을 잃지 않도록 돕는 것이야말로 교직에 몸담고 있는 나의 소명이라고 생각해 왔다. 하지만 학생들이 하고 싶은 일을 스스로 찾고 꿈을 가지기에는 현실은 한계가 많다. 그래서 나는 10대들이 꿈에 대해 스스럼없이 이야기하고 소통할 수 있는 공간으로 '꿈맥 아카데미'를 만들고 싶다.

　청소년기는 부모님, 선생님보다는 또래친구들과 소통이 제일 잘되는 때다. 친구의 스토리는 같은 처지, 같은 입장이라 마치 나의 이야기처럼 공감할 수 있다. 그리고 서로의 고민과 꿈을 사심

없이 공유할 수 있다. 하지만 우리 학생들은 꿈에 대해 이야기하는 것이 아직 많이 서투르다. 자신과 비슷한 꿈을 꾸는 친구들과 자연스럽게 교류하고 고민할 수 있는 장인 꿈맥 아카데미를 통해 스스로 꿈을 찾아 갈 수 있게 돕고 싶다.

꿈은 학생들의 성장과 함께 행복한 삶의 출발점이 될 것이라고 생각한다. 또한 자신이 치열하게 고민했던 꿈의 과정들은 같은 꿈을 꾸는 많은 10대들에게 생생하게 전해져 등대와 같은 역할을 할 것이다.

나는 10대가 행복한 대한민국을 꿈꾸며 '꿈맥 아카데미'를 통해 우리 사회에 긍정의 에너지를 심고 싶다.

벤츠 오너로서
홍콩 리펄스 베이에 살기

　나는 2005년 인도로 첫 배낭여행을 떠났다. 여행의 목적은 나의 '틀'을 깨는 것이었다. 운이 좋게도 내가 산 항공권은 홍콩에서 '스톱 오버'가 되는 티켓이었다. 나는 아무런 생각 없이 홍콩에서 2박 3일을 머물기로 결정했다. 첫 배낭여행지인 인도에 대한 기대감으로 홍콩은 그저 예행연습을 하는 곳이라는 생각이 들었다.

　나는 홍콩에서 이틀을 묵게 될 숙소 주소만 가지고 가볍게 비행기를 탔다. 한 달 동안의 여행을 계획했기 때문에 나를 뒤덮을 것 같은 엄청난 크기의 배낭을 메고 당당히 홍콩공항에 내렸다. 숙소가 있는 침사추이로 가기 위해 탄 버스는 소문대로 2층 맨 앞자리가 명당이었다. 무슨 배짱인지 걱정 없이 창밖으로 펼쳐지는 홍콩의 이국적인 모습에 혼자 실실 웃으며 시티투어를 하고 있는데 건너편 창 쪽에 앉아 있던 여자가 한국말로 통화를 했다.

'아, 한국 사람이었구나' 생각하고 있는데 그녀가 나에게 말을 걸었다.

"한국분이세요? 어디 가세요? 홍콩여행치곤 가방이 커 보이시네요."

"아, 홍콩여행 하고 인도로 갈 거라서요. 하하."

"홍콩에서는 어디에 묵으세요?"

"침사추이… 잠시만요."

아무리 찾아도 숙소의 주소를 적어 놓은 종이가 보이지 않았다. '어떡하지? 에이, 별일 없겠지…' 걱정은 되었지만 '침사추이'인 것은 확실하니 도착해서 숙소를 찾아봐야겠다고 생각했다.

"아… 아무리 찾아도 없네요. 침사추이에 내려서 찾아봐야겠어요. 하하."

그녀는 애써 놀라움을 감추려고 했지만 당황하는 기색이 역력했다. 드디어 버스 전광판에 침사추이 하차를 알리는 메시지가 떴다. 버스에서 내리려는데 그녀가 따라왔다.

"걱정이 되어서 도저히 안 되겠어요. 제가 숙소를 다시 잡을 수 있게 도와드릴게요. 침사추이에서 예약한 숙소를 찾는 건 불가능할 것 같아요."

선량해 보이는 여자의 말에 나는 선뜻 그녀의 뒤를 따라갔다. 침사추이에는 비슷하게 생긴 건물들이 빽빽하게 들어서 있었고 한 건물에도 수십 개의 상점 간판들이 걸려 있어 초행자는 길을 잃기 쉬워 보였다. 다행히도 나는 한 할머니가 운영하고 계시는 소박한 한인 숙소를 소개받았고 무사히 홍콩여행을 할 수 있었다.

뜻밖의 의인의 등장으로 국제적인 미아가 될 뻔했던 여행은 순조롭게 시작되었다. 숙소에서 짐을 풀고 홍콩 침사추이의 무수히 많은 사람 중 한 명으로서 숨 쉬고 있다는 것을 깨달으니 기대하지 않았던 감동이 밀려왔다. 최악의 상황이 될 뻔한 아찔했던 여행 첫날이 너무 소중하게 느껴졌다. 그제야 배낭에서 홍콩여행 가이드북을 꺼내서 체크하기 시작했다.

홍콩은 이미 많은 사람들이 관광을 오는 곳이라 꼭 가 봐야 하는 곳으로 손꼽히는 장소들이 있었다. 그중에서도 도심에서 벗어난 '리펄스 베이'에 꼭 가고 싶다는 생각이 들었다.

둘째 날, 아침을 든든하게 먹고 버스를 탔다. 아슬아슬하게 좁은 도로를 비집고 달리는 버스에서 본 홍콩은 첫째 날과는 조금 달랐다. 세계적인 금융도시인 만큼 멋진 은행 건물들이 즐비했다.

150년간의 영국 지배를 거치며 세워진 이국적이고 서구적인 느낌의 건물과 세련되어 보이는 홍콩 사람들이 내 시선을 끌었다. 또한 세계 1위의 인구밀도를 기록하는 곳인 만큼 빽빽하게 밀집되어 있는 고층아파트들을 보며 왠지 모르게 주눅이 들었다. '주거환경으로는 큰 메리트가 없어 보이는데 사람들이 홍콩에 모이는 이유는 뭘까?'라는 생각이 들었다.

30분쯤 지나니 신기하게 산도 보이고 바다도 보이기 시작했다. 조금 전까지만 해도 발 디딜 틈도 없어 보였던 홍콩인데 드문드문 여유롭게 들어선 주택과 리조트도 보였다. 12월 말이었지만 25℃ 정도의 기온이니 덥지도 않고 춥지도 않은 만큼 여유롭게 바다를 즐길 수 있는 날씨였다.

어릴 때 부산에서 자란 나는 가까운 곳에 해수욕장이 있어 여름이면 간단히 튜브만 들고 나가 물놀이를 했었다. 그리고 지금은 울산 동구에 살고 있으니 마음만 먹으면 갈 수 있는 곳이 바다인데 홍콩에서 보는 바다는 더 반가웠다. 홍콩에서 버스를 타고 찾아간 리펄스 베이는 백사장에 바다를 끼고 있는 여유로운 곳이었다.

버스에서 내려 백사장을 걷다가 한적해 보이는 벤치에 앉았다. 삭막한 홍콩도심과는 다르게 드넓은 바다를 보고 있으니 기분이 산뜻해졌다. 옵션처럼 느껴졌던 홍콩여행인데 혼자 제대로 여행을 하고 있다는 생각이 드니 가슴속 깊은 곳에서 무엇인가 끓어

올랐다. 표현하기 벅찬 이 감동을 함께할 누군가가 없다는 사실이 안타깝긴 했지만 이전에는 느껴 보지 못한 만족감이었다. '이래서 사람들이 여행을 하는구나'라는 생각이 들었다.

나는 바다와 가장 가까운 곳에 자리를 잡고 앉아서 인도여행과 앞으로 어떤 인생을 살아야 할지에 대해 생각했다. 처음으로 '나'를 생각하는 내 모습이 어색하긴 했지만 기쁨이 밀려왔다. 그리고 나중에 돈을 많이 벌면 이런 곳에서 지내고 싶다고 막연하게 생각했다.

벌써 10년 전의 여행이다. 그동안 '나'는 참 많이 변했다. 이전과는 비교할 수 없을 만큼 삶에 대한 가치관의 폭과 깊이가 달라졌다. 특히 나이가 들면서 그동안 진지하게 생각하지 않았던 '돈'의 가치에 집중하게 되었다. 지금까지는 많지 않은 월급이지만 꼬박꼬박 들어오는 돈을 '어떻게 하면 잘 쓸까'에 집중했다. 하지만 당장 마흔 살이 된다고 생각하니 노후도 걱정되고 삶을 변화시키고자 하는 의지가 점점 약해지고 있음이 느껴졌다. 다들 사는 것이 비슷한지 주위 사람들은 집을 마련하거나 다양한 형태의 저축을 하며 불안한 미래를 준비하고 있었다.

나는 현재는 공무원이지만 50세 전에 새로운 인생 2막을 사는 것이 목표다. 베스트셀러 작가로서 전 세계에 이름을 알리고 청춘을 응원하는 메신저로서의 삶을 꿈꾼다. 내가 발휘하는 역량과 실천력에 비례해서 부는 쌓일 것이다.

'돈으로부터 자유로워지기.' 생각만 해도 설렌다. 하루라도 젊을 때 내가 생각하는 대로, 느끼는 대로 돈을 쓰고 싶다는 목표가 생겼다. 성실하신 부모님 덕분에 무난하게 학교생활을 하고 평범한 범주 내에서 살아왔다. 하지만 우리 집 형편은 어릴 때부터 넉넉하지 않아서 먹고 싶고, 사고 싶은 것을 마음껏 누리지 못했다. 부모님은 1남 2녀를 키우며 하루도 여유 있던 날이 없었다. 아버지는 네다섯 번의 이직을 하셨지만 하루도 집에서 편하게 쉬는 모습을 보이지 않았고 어머니도 직장에 다니며 우리를 힘들게 키우셨다.

나는 첫 발령을 받고 학교 앞에 보증금 1,000만 원짜리 원룸을 구했다. 아버지는 20만 원의 예산을 계획해 새 가스레인지를 6만 원에 구입하고 나머지 가전과 가구는 중고매장에서 마련하는 생활력을 보여 주셨다. 이런 가정환경에서 나는 빚을 지진 않았지만 돈에서 자유로울 수 없었다.

최근 조셉 머피의 《잠재의식의 힘》을 읽으며 인생 2막에는 돈으로부터 자유로워지고 싶다는 소망을 담아 '나에 대한 믿음과 부에 대한 진솔한 기도문'을 작성했다.

"나에게는 무한한 에너지와 역량이 있습니다. 매일 긍정의 에너지를 발산하며 기분 좋은 하루를 보냅니다. 좋은 기운으로 책을 쓰고 내 책을 읽는 독자에게 초현실적인 긍정의 에너지를 전달합니다. 나의 삶은 원하는 대로 실현됩니다. 나는 나를 더욱 현명하게 해 주는 돈을 사랑하고 돈은 기하급수적으로 늘어나 다시 나에게 돌아옵니다. 돈은 나에게 행복한 삶을 보장해 주고 좋은 일을 하도록 돕습니다. 나는 금전적으로 풍요롭고 굉장한 행복을 누립니다."

나중에 알고 보니 리펄스 베이는 홍콩 최고의 부촌이었다. '역시 부자들은 푸른 녹지가 조성되어 있는 좋은 환경에 자신의 공간을 마련하는구나'라는 생각이 들었다. 또한 최근 〈한국 책쓰기 성공학 코칭협회(이하 한책협)〉에서 책을 써서 인생 2막을 시작한 사람들이 벤츠 오너라는 것을 알게 되었다. 모두 벤츠를 타는 것은 아니었지만 나에게는 부의 상징으로 다가왔다. '돈은 나를 더 사랑하게 하고 안전하게 해 주는구나'라고 느끼며 이 사실을 20대에 알았으면 지금의 나는 어떤 모습일까 상상해 봤다.

나는 돈의 힘을 믿는다. 홍콩 리펄스 베이에 나의 집을 짓고 벤츠를 타고 해변을 드라이브하는 '나'를 상상해 본다.

PART 2

사람들의 꿈을 실현시켜 주는 최고의 동기부여가

김홍석

김홍석

수학 강사, 강사 코치, 자기계발 작가, 제대로 공부법 코칭 전문가

'나의 꿈을 위하여'라는 마음으로 삼성전자를 퇴사하고 5년 만에 수학 강사로 억대 연봉을 달성했다. 꿈과 희망을 주는 동기부여가로, 강사로 성공하고 싶은 사람들을 돕는 코치로 활동하고 있다. 꿈을 찾아 주고 실현해 나가는 데 도움이 되는 '드림 아카데미'설립을 목표로 하고 있다. 저서로 《되고 싶고 하고 싶고 갖고 싶은 38가지》, 《부모님에게 꼭 해드리고 싶은 39가지》가 있으며, 억대 연봉을 꿈꾸는 강사들을 위한 개인저서를 출간할 예정이다.

E-mail king-dream@naver.com
Blog http://blog.naver.com/king-dream
Cafe http://cafe.naver.com/elysiumrp

2년 안에
최강 강사 코치 되기

"왜 삼성전자를 그만두려는 거냐! 미쳤어?"

　나는 5년 동안 다닌 대기업에서 퇴사했다. 친구들과 가족, 친척들은 모두 한결같은 반응이었다. 남들은 들어가고 싶어 안달인 대한민국 최고의 기업을 퇴사한다는 것을 이해할 리 만무했다. 하지만 나에게는 최고의 회사가 아니었다. 아무리 열심히 일해도 월급은 정해진 만큼만 나왔다. 상사의 업무 지시는 비효율적이었으며, 업무가 너무 세분화되어 성취감을 느끼기 힘들었다. 스트레스에 술을 많이 마셔 몸까지 상했다. 회사는 천안에 있었지만 친구들이 대부분 서울에 있어 외로움과도 싸워야 했다. '이러다 죽겠다'라는 생각이 들었다. 쉬는 시간을 이용해 읽기 시작한《꿈꾸는 다락방》이라는 책에 "꿈꾸는 대로 이루어진다."라는 말이 나왔다.

나는 꿈을 이루기 위해 책에 나온 대로 '세계 제일의 명강사, 연봉 1조 원의 사나이'라고 종이에 적어 주머니에 항상 넣고 다니며 수시로 꺼내 큰 소리로 읽었다.

나는 5년 안에 연봉 1억 원을 버는 수학 강사가 되겠다고 다짐했다. 하지만 첫술에 배부를 수는 없었다. 첫 학원에서는 250만 원 수준의 월급을 받으며 하루 11시간 이상 근무했다. 퇴근 후에는 밤을 새우면서 다음 날 수업을 준비했다. 시험 기간과 방학에는 휴무일에도 출근했다. 이렇게 2년 동안 고되게 일했는데도 전혀 힘들거나 괴롭지 않았다. 왜냐하면 하고 싶은 일이었고, 이 시련이 나를 더욱 강하게 만들어 줄 것이라고 느꼈기 때문이다. 그 결과, 두 번 이직하며 학원 강사 경력 5년이 꽉 채워질 시기에 연봉 1억 원을 달성했다. 연봉을 올려야겠다는 생각으로 일하기보다 하고 싶은 일을 한다는 즐거움을 느끼며 치열하게 살았다.

8년 차인 지금은 1억 5,000만 원 이상의 연봉을 받으며 안정적인 강사생활을 누리고 있다. 강의의 질, 고객관리 등 부족함 없이 진행하고 있다. 내 수업을 듣겠다는 학생들이 넘쳐 나고 상담을 원하는 학부모, 그리고 조언을 구하는 강사들이 늘고 있다. 회사에 남아 있었다면 이 정도의 연봉과 시간의 자유 그리고 행복을 누릴 수 없었을 것이다. 강사는 자기 마음먹기에 따라 근무 일정 조정이 가능하며 업무시간 대비 수익이 큰 직업이다. 그리고 본인의 가치를 키우고 치열하게 일할수록 수익이 기하급수적으로 증가한다.

닐 도날드 월시의 《신과 나눈 이야기 1》에 나오는 내용이다. 나는 '연봉 1억 원을 단기간에 이룬 강사'보다 많은 강사들이 내가 겪었던 실수를 저지르지 않고 단 2년 만에 1억 원의 연봉을 달성할 수 있도록 돕는 '최강 강사 코치'가 되고 싶다. 현실이라는 벽에 부닥쳐 힘들어하는 강사들을 위한 코치라는 소명을 다하고자 한다.

모든 강사가 성공하는 것은 아니다. 나의 조언을 듣고도 다르게 행동해 결국 실패하는 경우를 많이 봤다. 희한한 것은 바로 곁의 동료들조차 나의 성공 방법을 이행하지 않는 경우가 많다는 것이다. 오히려 나의 성공을 질투하기 일쑤였다. 내가 조언하는 대로 따라 하기만 한다면 연봉 1억 원 달성은 물론, 시간의 자유를 누릴 수 있는데 그렇게 하지 않는 강사들을 보면 안타까울 때가 많다.

나에게 강사 코치를 받는다면 우선시할 것이 있다. 먼저 나를 믿고 나의 조언을 그대로 실천하겠다는 의지가 필요하다. 연봉 1억 원을 받아 본 적이 없다면, 월급 1,000만 원 이상을 받아 본 적이 없다면 일단 나의 조언대로 해 보고 나서 생각해도 늦지 않다. 자존심은 버려야 한다. 성공자의 입장에서 생각하고 행동해야 한다. 강사가 게으르고 삶을 개척할 의지와 용기가 없다면, 학생과 고객들도 성공의 법칙을 깨달을 수 없다. 시간을 치열하게 관리하고 자기계발에 투자해야 한다. 스스로 의식을 강화하고 강의에 임해야 효과적인 가치 상승이 이루어진다. 나는 성공까지 5년이 걸린 일을 단 2년 안에 이룰 수 있도록 도울 것이다.

최강의 강사 코치로서의 나의 소명은 이제부터다. 나는 총 3단계 시스템으로 소명을 실천해 나갈 것이다. 1단계로, 성공하는 강사로 가는 지름길에 대한 책을 시리즈로 편찬할 것이다. 첫 책은 '단 2년 만에 연봉 1억 원을 버는 강사 완성'이라는 주제로, 두 번째는 '강사로서의 의식 확장 및 성공한 강사의 소명'이라는 주제로 저서를 출판할 계획이다.

2단계로, 1:1 컨설팅 진행 및 블로그를 통해 소통할 것이다. 1:1 컨설팅을 통해 책에서는 들을 수 없었던 나의 생생한 스토리와 경험을 들려줄 것이다. 개인적으로 궁금한 내용에 답해 줄 것이고, 절실한 꿈을 이룰 수 있도록 책임 있는 조언을 해 줄 것이다. 그리고 블로그를 만들어 좀 더 쉽게 소통할 것이다.

3단계로, 다양한 콘텐츠를 통해 각자에게 맞는 대책을 세워 주어 자기계발을 효과적으로 이룰 수 있도록 도울 것이다. 나는 대한민국 최고의 자기계발 그룹인 〈한책협〉과 함께하는 강사이자 작가다. 〈한책협〉의 대표 김태광 코치는 본인의 성공스토리와 최고의 책 쓰기 실력으로 작가가 되고 싶거나 성공하고 싶어 하는 사람들을 돕고 있다. 〈한책협〉에는 수많은 분야의 전문가들이 밀집되어 있다. 강사 전문 코치, 강연 전문 코치, 창업 코치, 발성 코치등 다양한 시스템이 준비되어 있다. 나는 이러한 시스템과 연계해경력에 비해 턱없이 적은 월급을 받고 있는 강사는 물론, 초보 강사, 강사 준비생까지 가장 빠른 기간에 성공시킬 자신이 있다.

나는 현재 일주일에 2~3일 정도는 강의를 하지 않는다. 수업을 줄여도 수입은 줄지 않는다. 학생들이 내가 정한 시간에 오기때문이다. 모든 수업은 예약까지 꽉 차 있다. 수업을 늘려 달라는요구가 빗발치지만 함부로 늘리지 않는다. 오히려 나의 가치를 떨어뜨리는 행위이기 때문이다. 나는 나의 행복을 가장 우선으로둔다. 학원 강의가 없는 오전과 오후에는 1:1 컨설팅과 자기계발을 하는 시간을 갖는다. 항상 의식을 강화하고 유지시키며, 모든경험과 체험을 학생들에게 조언해 준다. 쉬는 날에는 명상과 여행으로 의식 확장 및 몸과 마음의 휴식시간을 갖고 책 쓰기를 꾸준히 진행한다.

나의 소명은 최강 강사 코치로서 많은 강사들을 성공의 길로 이끄는 것이다. 성공한 강사는 학생과 고객도 성공으로 인도할 수 있다. 학생과 고객들은 나를 '벤츠 E-CLASS 타는 강사', '연봉 2억원을 받는 강사', '최강 강사 코치 전문가', '최고의 꿈·동기부여가' 등으로 부른다. 이 모든 것은 절대 쉽게 얻은 것이 아니다. 나는 시련을 아름답게 극복하며 심장에 문신처럼 새겼다. 그리고 그것들을 단련하고 실행에 옮겼다. 그 결과, 성공은 '우연히'가 아닌 '끌어당김'으로 나에게 다가왔다.

강사로서 첫 성공을 이룬 지금, 8년 전 대기업을 퇴사하던 그때를 회상해 본다. 지인들의 걱정과 동료들의 냉소 어린 비판이 있었지만 묵묵히 꿈을 위해 달렸던 기간이었다. '꿈'을 믿고 그것을 위해 달려가면 진정한 '나'는 나를 절대 배신하지 않는다. 의지와 실천만 있다면 누구나 성공할 수 있다. 그 길에 최고의 코치가 있다면 더욱 빠르게 나아갈 수 있다.

대한민국 최고의
꿈·동기부여 강연가 되기

대학교 학생회장을 하던 시절, 신입생 오리엔테이션의 사회자로 연예인 김제동을 섭외한 적이 있었다. 당시 그가 사회를 보면서 했던 말들이 큰 이슈가 되었다. 그때 그는 자신감 있는 말투로 "우주는 존재합니다. 하지만 여러분들이 없는 우주는 존재하지 않습니다."라고 말했다. 그의 말을 들으며 감탄을 금치 못하던 학생들의 눈빛이 지금도 눈에 선하다. 한마디 말에 사람들이 감동을 받고 동기부여를 받는 모습을 보며 나도 자극을 받았다.

나는 어릴 때부터 사람들 앞에서 말하기를 좋아했다. 하지만 무대에 오르기까지가 힘들었다. 평소 성격은 조용하고 내성적이었는데 일단 무대에 서기만 하면 변신했다. 어릴 때 웅변대회에서 수상을 한 것이나 반장을 한 것 외에도 대학교 학생회장 경험과 삼성전자 연수 경험은 사람들 앞에서 말하는 데 좋은 훈련이 되었다. 그리고 학원 강사생활은 항상 누군가의 앞에서 말하는 직업이기에 말하기가 단련이 되었다. 처음부터 강연가가 되어야겠다는 생각을 한 것은 아니었다. 하지만 여러 가지 경험들로 미루어 볼 때 나는 최고의 강연가가 될 수밖에 없었다.

대학교 시절 나는 1만 명 정도의 학생을 대표하는 학생회장이었다. 신입생 오리엔테이션, 등록금 동결 집회, 축제 등 다양한 행사들을 진행하며 무대 위에 서야 하는 경우가 많았다. 언젠가 여러 대학의 학생들이 모인 집회에서 사회를 본 적이 있다. 나는 기존 집회의 형식을 굉장히 싫어했다. 2시간 정도의 집회가 항상 똑같았다. 형식이나 진행되는 스토리가 천편일률적이었다. 그래서 주최 측에 동의를 구하고 내 방식대로 사회를 봤다. 구호의 형태도 다양하게 변화를 주었고, 주한 미군 철수 등의 딱딱한 집회 내용도 재미와 감동이 있는 연설로 이어 갔다. '왜 집회는 딱딱하고 어두워야 하는가. 주제가 딱딱하다고 집회도 딱딱해야 하나'라는 생각으로 사회를 봤다.

이후 주최 측에서 더욱 다양한 주제의 집회의 사회를 봐 달라고 요청해 왔다. 차츰 무대 위에서 나만의 방식으로 주제를 풀어 나가는 자신감 넘치는 '나'를 발견하고 동경하게 되었다. 많은 사람들에게 무언가를 전달한다는 것에 대한 기쁨과 감동이 가득했다.

대학교 졸업 후 삼성에 입사한 나는 연수기간 중 특별한 프레젠테이션 발표를 했다. 삼성 신입사원 연수기간 마지막 주에 각 팀별 프레젠테이션 발표를 통해 순위를 정하는 시합이 있었다. 나는 팀 대표로 260명의 삼성맨들 앞에서 발표를 했다. 다른 팀 대표들은 정말 휘황찬란하게 프레젠테이션 자료를 준비했다. 발표하는 스킬도 프로다운 면모가 느껴졌다. 너무 잘하는 그들 때문에 주눅이 들 뻔했지만 나에게는 모두가 똑같아 보였다. 전혀 차별화되지 않고 그냥 '잘'한다는 느낌뿐이었다. 반면 나는 프레젠테이션 자료를 간략하게 2페이지로 만들었다. 그리고 내 능력과 자신감을 믿고, 무대 위에서 발표를 시작했다.

결과는 대성공이었다. 프레젠테이션 자료 첫 페이지에는 내가 말하고자 하는 내용을 채워 10분 정도의 발표를 했다. 주제가 '자유경제체제에서의 삼성 발전의 방법'이었는데, 제목만 봐도 벌써부터 재미없는 내용 아닌가. 발표가 거의 마무리되어 가는데도 반응이 다소 별로였다. 순간 아이디어가 떠올랐다. 연수기간 중 배운 삼성체조를 박력 넘치게 추었다. 정말 뜬금없이. 그리고 결말을 발표하면서 2페이지를 화면에 띄웠다. 화면에는 만화영화 〈날아라 슈퍼보드〉의 손오공처럼 보드를 타고 있는 삼성맨이 하늘을 날고 있는 그림이 있었다. 그리고 나는 외쳤다.

"삼성이 발전하기 위해서는 삼성맨의 자신감과 열정이면 충분합니다!"

모두의 반응은 뜨거웠다. 달랑 2페이지만 준비한 발표였지만, 주제의 핵심을 명확하게 보였으며 관객들은 그 속에서 감동과 차별화를 느꼈다. 나는 무대에서 관객들과 소통하며 쾌감과 전율을 느꼈다. 이 발표로 우리 팀은 1등을 하여 신입사원 4주의 연수기간 끝에 3명에게 주는 우수 연수생 상패를 받았다.

나는 현재 억대 연봉을 받는 수학 강사다. 2시간의 강의 중 30분 정도를 나의 스토리와 재미있는 이야기로 채운다. 그런 내용들로 인해 학생들이 더욱 수업에 집중하게 되고 학습 동기를 얻는다는 것을 알기 때문이다. 고등학교 때 방황하며 가출도 했지만, 고3 때 차곡차곡 공부해서 대학에 진학한 내용, 대학교 때 수많은 동아리와 학생회 활동을 하면서 느꼈던 감동들, 취업준비 전혀 없이 삼성전자에 입사하고 5년 만에 퇴사한 이야기 등···. 나의 개인적인 이야기지만 학생들은 학습을 해 나가는 데 큰 영감과 동기부여를 받았다.

그래서인지 학생들은 성적이나 대학 진학 상담보다는 생활, 고민, 앞으로의 진로에 대한 상담을 요청하는 경우가 많다. 거기에서 느낀 것은 학생들이 꿈을 찾기 위한 고민을 많이 한다는 것이다. 그러나 꿈에 대해 이야기해 주는 곳은 찾아보기 힘들다. 그리고 꿈을 찾았다 하더라도 그것을 실천해 나갈 의지를 얻을 수 있는 동기부여의 시간도 찾기 힘들다.

세상에는 다양한 꿈과 직업이 있다. 학생들은 학업에도 집중해야겠지만 자신의 꿈에 대해 고민하는 시간도 필요하다. 하루라도 먼저 살아온 나로서는 그들에게 그 시간을 마련해 줄 소명이 있다. 자신의 꿈이 무엇인지, 잘하는 것은 무엇인지, 좋아하는 것은 무엇이고 그것을 더욱 잘하려면 어떻게 나아가야 하는지, 세상을 살아가는 데 있어 가장 중요한 가치를 찾아 나가는 여정을 열어 줄 필요가 있다.

수학 강의보다 나만의 이야기로 꿈과 동기부여를 해 주는 강의가 나의 소명이라는 확신이 들었다. 수학 강의는 누구나 할 수 있지만, 나의 이야기는 나만이 갖고 있는 무기이자 최고의 지혜다. 그것들을 통해 누군가의 꿈을 찾아 주고, 꿈을 실현하는 데 도움이 된다면 충분히 가치 있는 직업이 아닌가. 그리고 다양한 경험 스펙을 통해 내가 최고의 강연을 펼칠 능력을 갖고 있음을 알고 있었다. 그래서 나는 대한민국 최고의 강연가가 되기로 결심했다.

브렌든 버처드의 저서 《메신저가 되라》에는 세계적인 동기부여 강연가인 토니 로빈스, 스티브 코비, 지그 지글러, 릭 워렌 등이 소소해 보이는 메시지에서 출발했다고 소개되어 있다. 평범함을 토대로 남에게 도움이 되는 가치를 찾아 전달하는 것이 중요하다는 것이다.

세상에는 많은 동기부여 강연가가 있다. 사람들에게 지식을 전하는 강연보다 영감과 감동을 주는 강연이 사랑받고 있다. 나는 특별한 강연가가 될 것이다. 나는 항상 새로움을 추구하며 혁신을 꿈꿨다. 늘 해 오던 방식의 동기부여 강연은 진부하다. 강연을 통해 몇 배 큰 감동과 자극을 주고 그로 인해 동기부여를 넘어 개인의 실천까지 이루어질 수 있도록 해야 한다.

나에게는 대한민국 최고의 강연가가 되기 위한 세 가지 강점이 있다.

첫째, 나의 강연은 재미가 넘친다. 수학 강의를 할 때 나의 신조는 '재미없는 수학이라도 강의는 재미있어야 한다'다. 나에게는 아무리 재미없는 주제라도 재미있는 부분을 찾고 감동과 행복을 주는 내용을 덧붙이는 능력이 있다. 그리고 전혀 상관없는 내용들끼리도 연관성을 만들고 조합해 완전히 새로운 내용으로 즐거움을 준다. 또한 긍정 마인드로 항상 유쾌하고 파워풀한 강의를 진행한다. 지루하고 딱딱한 꿈 강연은 감동을 주지 못한다. 나는 사람들이 웃음과 행복 그리고 꿈을 잔뜩 가지고 돌아갈 수 있는 강연을 만들 수 있다.

둘째, 목소리와 행동에서 자신감이 넘친다. 나는 목청이 꽤 큰 편이다. 대학교 시절 1,000명이 넘는 집회에서나 학원의 100명이 넘는 강의에서도 마이크 없이 목소리만으로 전달이 가능했다. 그리고 전달 내용에 부합하는 표정과 행동을 자신감 넘치게 표현한다. 때로는 바보 같거나 액션이 과해 보일 수 있지만, 가치 전달의 효율을 위해서라면 얼마든지 그렇게 할 수 있다.

셋째, 나는 동기부여를 위한 최고의 경험과 가치를 갖고 있다. 살아오면서 경험한 수많은 실패와 시련, 그리고 성공한 순간들이 누군가에게 큰 영감을 주고 동기를 부여하는 가치를 지닐 수 있다. 책 쓰기를 시작한 것도 이 때문이다. 책을 통해 '나의 이야기'를 더욱 많은 사람들에게 전달하고 많은 도움을 쉽게 주기 위해서다. 그리고 강연을 통해 동시에 많은 이들에게 영감과 감동을 줄 것이다.

대한민국 최고의 꿈·동기부여 강연가의 삶은 행복할 것이다. 평범함에서 가치를 찾아내 필요로 하는 사람들에게 도움을 줄 것이다. 경험과 지식을 나눔으로써 상대는 물론 스스로도 평생 성장하는 삶을 살 것이다. 전국 방방곡곡 강연하러 다니며 사람들의 닫혀 있는 마음을 열고 아름다운 꿈을 찾아내 실행하도록 도울 것이다. 나에게는 최고의 강연을 이끌 능력이 충분하다. 나의 경험이 많은 이들에게 동기부여를 해 줄 것임을 알고 있다. 나는 최고의 메신저, 동기부여 강연가다.

꿈과 가치를 찾아 가는
'드림 아카데미' 설립하기

　　의료사고로 안타깝게 세상을 떠난 가수 신해철의 노래 중에 '네가 진짜로 원하는 게 뭐야?'라는 노래가 있다. 고등학교, 대학교 시절 노래방에서 친구들과 "네가 진짜로 원하는 게 뭐야? 네가 진짜로, 진짜로, 진짜로 원하는 게 원하는 게 뭐야!"라는 구절을 함께 불렀었다. 자신이 진짜 하고 싶은 것이 무언인지, 되고 싶은 것이 무엇인지 알고 있는 사람이 얼마나 될까? 어릴 때부터 똑같은 공교육 속에 내년서신 재 '자신'은 없이 누군가 성해 놓은 학습만 받는다. 대학교도 마찬가지다. 운이 좋아 취직을 하더라도 몇 년 안에 퇴사하기 일쑤다. 세상은 '진짜로 원하는 것'을 알려주지 않는다.

　　나는 그래도 운이 좋았다. 서른 살에 꿈이라는 것에 대해 생각할 기회가 생겼다. 비록 몸은 삼성전자라는 대기업에 다니고 있었지만, 마음은 전혀 행복하지 않았다. 행복을 위해 나는 처음으로 꿈이라는 것에 대해, 내가 하고 싶은 것에 대해 생각하는 시간을 가졌다.

약 6개월간의 생각과 결심 끝에 나는 학원 강사가 되기로 했다. 그리고 5년 뒤 억대 연봉을 받는 강사가 되었다. 문득 '나는 지금 행복한가?'라는 의문이 들었고, 다시 꿈에 대해 생각하기 시작했다. 결론은 '나는 아직 행복하지 않다'였다.

현재 나는 고등학생들을 대상으로 수학을 강의하고 있다. 나는 2시간의 수업시간 중 대략 20~30분 정도를 나의 경험담과 꿈에 대해 이야기한다. 학생들은 수학 강의를 할 때보다 더욱 초롱초롱한 눈으로 나의 이야기를 경청하고 미소를 보인다. 비록 수학학원이지만 먼저 많은 경험을 한 인생 선배로서 학생들에게 다양한 이야기를 해 주는 것이 소명이라는 생각을 늘 해 왔다. 그래서 수업시간에 무조건 대학을 가라는 이야기보다 공부를 하면서 자신이 하고 싶은 것이 무엇인지도 생각해 보라고 권한다. 책을 많이 읽으라고 말하지만 수험생들에게는 힘든 일이므로 내가 대신 책의 내용을 이야기해 준다.

어느 날 소명에 대해 생각했다. 나는 학생들에게 수학만 가르치는 것이 아니라 그들에게 '꿈'과 '희망'을 찾아 주는 역할을 해야 한다는 생각이 들었다. 모든 학생이 대학을 갈 필요는 없다. 나는 많은 학생들이 획일적인 공교육에서 벗어나 자신이 하고 싶은 '꿈'을 위해 고민하고 경험했으면 하는 바람이 크다. 그러나 사회에는 그것을 쉽사리 인정하고 교육해 주는 공간이 없다. 간혹 희망 상담 등을 하는 학교가 있지만, 단순한 입시상담이나 학생의 일탈을 막아 주는 역할밖에 하지 못하고 있다.

그래서 나는 학생들은 물론 20대, 30대가 되어서도 꿈이 없거나 꿈을 위해 무엇을 해야 할지 몰라 방황하는 사람들을 위한 꿈 학원을 설립할 계획이다. 이것은 나에게 절실히 필요했던 것이기도 하다. 항상 꿈은 혼자 고민하고 찾아야만 하는 대상이고, 꿈을 찾더라도 그것을 이루는 방법도 혼자 찾아야만 한다. 그 과정에서 꿈을 포기하는 경우가 많다. 그래서 실패를 딛고 성공한 사람들의 스토리가 대단해 보인다. 내가 설립하는 꿈 학원 '드림 아카데미(Dream Academy)'라면 꿈을 찾고 빠르게 실현할 수 있다.

나의 소명을 드림 아카데미라는 현실로 그리게 된 데는 〈한책협〉이라는 퍼펙트 아카데미와의 만남이 큰 원동력이 되었다. 〈한책협〉에서 〈책 쓰기 과정〉에 등록해 저서를 출간했으며. 〈한책협〉의 대표 김태광 코치의 〈성공법칙〉, 〈의식성장〉 강좌를 통해 나의 꿈과 소명에 대해 생각하고 결심하게 되었다. 김태광 코치와의 1:1 컨설팅은 나의 소명을 현실화하는 데 결정적인 계기가 되었다. 나는 결심했다. '내가 받은 컨설팅과 축복을 많은 사람들에게 전해 주자'라고.

나는 강사생활을 하면서 다양한 학생과 초보 강사들에게 조언과 도움을 주었다. 한 학생은 고등학교 1학년 때, 요리사가 될 거라면서 퇴원했다. 나는 학생에게 진짜 요리사가 되고 싶은 것인지, 아니면 단지 지금 하는 공부가 싫어서 요리사 핑계를 대는 것인지 물었다. 학생은 꼭 요리사가 되고 싶다고 말했다. 그러나 1년 뒤 학생은 다시 학원으로 돌아왔다. 요리 학원에서 3개월 동안 교육을 받고 조리사 실기 시험을 보는데 감독관이 10cm 자를 들고 와서는 비빔밥 위에 살포시 올려놓은 뒤 경단을 들고는 자로 재더라는 것이었다. 요리를 만들었는데 맛은 안 보고 길이를 재는 것을 보고는 요리에 환멸을 느껴 다시 공부하기로 마음먹었다고 했다. 누가 잘못을 했는지가 핵심이 아니다. 문제는 학생은 꿈에 대해 진지하게 생각할 여유와 기회가 적었고 그 꿈을 실현하는 방법을 전혀 몰랐다는 것이다.

또 다른 학생의 꿈은 워런 버핏과 같은 세계 최고의 투자자가 되는 것이었다. 학생은 초등학교 5학년 때 버핏의 자서전을 읽고 나서부터 꿈이 생겼다고 했다. 그리고 6학년 때부터 주식 투자를 시작했다. 한국에서는 미성년자가 주식에 투자할 수 없기 때문에 미국 주식으로 시작했다. 세뱃돈과 용돈을 모아 꾸준히 애플과 마이크로소프트사의 주식을 샀는데, 고등학교 3학년이 되었을 때는 수익이 200만 원을 넘었다. 학생은 중학생 때부터 투자와 경영 관련 서적 등을 꾸준히 읽었다. 고등학교를 졸업하면 바로 투자회사를 만들어 본인의 꿈을 이룰 계획이었다. 그런데 주변의 이야기로 미루어 보니 한국에서 투자자로 성공하기 위해서는 서울대 경영학과를 나와야 한다는 생각을 하게 된다. 그래서 꿈을 위해 결국 서울대에 입학했다.

하지만 나는 이 학생이 굳이 서울대를 가지 않고 고등학교 졸업 후 회사를 차렸더라면 더 빨리 꿈을 실현할 수 있었을 것이라고 확신한다. 왜냐하면 꿈이 명확하고 의지가 충만했기 때문이다. 그 학생이 꿈을 실현하는 효율적인 방법을 알았다면 어땠을까.

만약 내가 삼성을 퇴사할 때, 그리고 학원생활에서 더 이상 행복을 찾지 못하고 있을 때 꿈 학원이 있었다면 얼마나 좋았을까. 혼자 책을 읽고 매일 고민하고 방황하며 꿈을 찾아 가는 데는 분명히 한계가 있었다. 꿈을 찾기는커녕 '나'조차도 분명히 알기가 힘들었다. 그러니 꿈은 물론이거니와 내가 하고 싶은 것을 결정할 수가 있었겠는가. 또다시 나의 선택은 꿈이 아닌 '돈'을 좇는 결정이 되었고 후회하기를 반복했다. 물론 이런 경험과 실패, 시련은 나의 큰 자산이 되었다. 하지만 꿈을 진작 알았다면, 성공하는 법칙을 더 빨리 알고 1년 안에 성공했다면 나는 더 많은 것들을 하고 있지 않았을까? 그것이 나에게 큰 행복이지 않았을까?

그래서 나처럼 고민하고 방황하는 사람들의 성공으로 가는 시간을 단축시켜 주고 더 나은 삶을 살도록 이끌어 준다면 세상도 더욱 풍요로워질 것이라는 확신이 생겼다. 이러한 믿음을 토대로 나의 신념을 실천하기로 마음먹었다.

내가 설립한 꿈 학원에는 누구든지 등록할 수 있다. 기본적인 커리큘럼은 다음과 같다.

첫째, 자신을 찾아 가는 강좌가 개설되어 있다. 자신의 꿈을 찾기 위해서는 먼저 자신이 '누구'이며 '무엇'을 원하는지 알 필요가 있다. 이를 위해 다양한 의식 관련 서적을 읽고 이를 토대로 토론하며 강사로부터 그들의 경험을 바탕으로 한 수업을 듣는다.

둘째, 자신의 '꿈'을 찾는 강좌가 개설되어 있다. 내가 '무엇'을 할 수 있으며, '하고 싶은' 일은 무엇인지, '좋아하는' 것은 무엇인지를 알아 간다. 이를 위해 다양한 경험과 체험을 할 수 있는 기회의 장이 마련되며 해당하는 꿈이나 직업을 가진 사람들과의 인터뷰 및 컨설팅이 진행된다.

마지막으로는 꿈을 위해 실천하고 행동하는 시간을 갖는다. 이는 일반 직업학교의 개념이 아니다. 꿈 학원에서는 꿈을 실현해 나가는 데 집중하고 포기하지 않도록 지속적으로 의식을 깨우쳐 주며 끝까지 나아갈 에너지를 제공한다. 물론, 실패의 확률을 줄이고 성공을 달성할 수 있도록 코칭하고 끝까지 꿈맥을 유지하며 성공의 길로 인도한다.

여기서 가장 중요한 것은 성공하고 꿈을 실현하는 데 있어 가장 큰 역할을 하는 존재는 바로 자신이라는 점이다. 꿈 학원은 그

길에서 실패하지 않고 끝까지 해 나갈 수 있는 효율적인 '선택'을 하도록 인도한다.

'드림 아카데미'는 〈한책협〉과 그 뜻을 함께한다. 〈한챕혁〉에는 이미 다양한 시스템의 꿈을 위한 강좌가 개설되어 있다. 의식 강화를 위한 〈의식성장〉 강좌, 성공하는 법칙을 배우는 〈성공법칙〉 강좌, 자신의 꿈과 비전을 공고히 하는 〈책 꿈 디자인〉 강좌 등이 있다. 나의 꿈 학원은 〈한책협〉과 연계해 다양한 시스템을 통해 최고의 교육을 할 것이다.

이 세상을 살아가는 데 도움이 되지 못하는 교육은 참된 교육이 아니다. 실패의 두려움만 알려 주고 성공하는 방법을 알려 주지 않는 교육은 죽은 교육이다. 이제부터라도 우리는 올바른 교육을 받고 성공하는 방법을 배워야 한다. 자신의 진정한 '자아'를 발견하고, 진짜 하고 싶은 '꿈', 되고 싶은 '꿈'을 찾아내야 한다. 그리고 '꿈'을 실현하기 위해 자신을 단련하고 집중하는 훈련과 교육을 받아야 한다. 나의 '드림 아카데미'를 통해 당신의 모든 꿈을 실현할 수 있다.

경제적, 시간적 자유를 얻어
언제든지 해외여행 하기

나는 스물아홉 살에 제주도 여행을 갈 때 처음 비행기를 탔다. 6년 후 처음으로 필리핀으로 해외여행을 다녀왔다. 지금은 억대 연봉 수학 강사가 되어 설날이나 추석 연휴에 하루 이틀을 더해 여행을 다닌다. 그런데 문제는 성수기에만 여행을 다닐 수 있다는 것이다. 그에 따라 비용도 많이 들고 어딜 가나 사람들로 복잡했다. 나는 가고 싶을 때 어디든지 여유롭게 여행을 가는 꿈을 꾸기 시작했다.

대학교 생활은 정말 행복했다. 탈춤 동아리, 시 창작 동아리, 로봇공학학회 그리고 학생회 활동까지 하고 싶은 것을 하면서 지냈던 열정 넘치던 시절이었다. 그런데 그 귀한 기간에 해외여행을 한 번도 다녀오지 못한 게 아쉬웠다. 여름방학이면 농촌 봉사활동과 더불어 학생운동을 하며 보냈고, 겨울방학 기간에는 신입생 환영 준비를 한다고 바빴다. 그 흔한 어학연수조차 다녀오지 못했다. 여행 말고도 멋진 경험을 할 수 있는 일들이 많았지만, 사실 돈이 없었다.

내가 대학교 1학년이던 1998년은 IMF로 한국 경제가 매우 힘든 시기였다. 우리 집도 그 시기에 직격탄을 맞았다. 아버지 사업은 완전히 망했고, 학비는 전액 학자금 대출로 연명했다. 여행을 가고 싶었고 시간도 충분했지만 여행 경비가 없어 가지 못했다.

아쉬움은 대학 졸업 후 입사한 삼성에서도 이어졌다. 열심히 일하며 차곡차곡 돈을 모았다. 그러나 막상 여행 갈 시간이 없었다. 당시 삼성전자 엔지니어는 여름휴가를 길어야 4일 정도밖에 갖지 못했다. 해외여행을 갈 만한 휴가기간을 얻으려면 결혼해서 10일 정도의 신혼여행을 가는 것이 유일한 방법이었다.

나는 삼성을 퇴사한 뒤 학원 강사 일을 시작했다. 처음 2년간은 정말 정신없이 보냈다. 쉬는 날이 없을 정도로 하루하루 치열하게 살았다. 쉬는 날 간단히 영화를 보러 가는 정도가 휴식의 다였다. 일상에서 여행이라는 것을 잠시 제쳐 두고 성공이라는 것을 향해 달려가던 시기였다. 그러던 중 나에게도 해외여행을 경험할 기회가 생겼다.

나의 첫 해외여행지는 서른다섯 살에 떠난 필리핀 보라카이였다. 갑작스럽게 보름 정도의 휴가가 생겨서 여자 친구와 제주도 여행을 가기로 결정하고 준비하던 중이었다. 여행 경비를 책정하던 중 여자 친구가 그 돈이면 동남아도 가겠다고 말하는 것이 아닌가. 순간 '아, 나의 첫 해외여행!'이라는 메시지가 뇌리에 꽂혔다. 그리고 바로 실행했다.

처음 경험한 4시간여의 비행, 새로운 도시와 공기, 외국 사람들만 있는 환경 등 모든 것이 놀라웠다. 새파란 하늘을 올려다보면 눈물이 나올 정도로 행복했다. 보라카이 섬에는 세계 3대 해변 중 하나인 화이트비치가 있다. 해변의 모래는 투명한 하얀색이고, 햇빛을 반사하는 바다에는 무지갯빛이 출렁였다. 해변에 누워 책을 읽다가 잠이 들 때면 세상 그 무엇도 부럽지 않았다. 그야말로 천국이었다.

이후 매년 보라카이 섬을 찾고 있다. 억대 연봉 수학 강사가 되니 여행경비 정도는 금방 충당할 수 있게 되었다. 그러나 문제는 늘 명절 때만 해외여행이 가능했다는 점이다. 학원 강사는 오랜 기간 쉬는 것이 힘들다. 일정이 항상 빡빡했다. 매달 시험기간과 선행학습으로 꽉 짜인 시간표 속에서 일주일에 하루 휴무로 버티며 살았다. 그나마 학원에서의 위치가 오르고 나서야 설날과 추석 기간에 하루 이틀을 더해 해외여행을 다녀올 수 있게 되었다.

명절 때만 해외여행을 다니다 보니 불편함이 많았다. 여행경비도 2배 이상 더 들었고 어딜 가나 한국인들로 가득했다. 좋은 숙소나 여행지를 고르는 것도 힘들었다. 여유를 느끼기 힘들었다. 게다가 아무리 명절 연휴에 며칠을 더한다 해도 내가 만족하기엔 충분한 기간이 되지 못했다. 좀 쉴 만하고 적응할 만하면 여행기간이 끝났다. 내가 만족하고 충분히 쉬었다는 느낌이 들어야 진정한 여행이 아닐까?

1년에 한 번 해외여행을 가다 보니 멋진 경험과 체험을 하기보다는 '휴식'에만 중점을 뒀다. 여행을 통해 새로운 영감을 얻고 그 나라의 문화를 느끼는 등의 체험을 할 여유가 없었다.

나는 억대 연봉 수학 강사이자, 대한민국 최고의 동기부여 강연가다. 일주일에 3일 정도만 일하고 나머지 요일에는 자기계발과 휴식, 책 쓰기를 하고 있다. 경제적으로 이미 여유롭고 '부'는 계속 늘어나고 있다. 빠르게 억대 연봉으로 가고자 하는 강사들의 코칭 요청이 끊임없이 들어오고, 공부법과 동기부여에 관한 강연 요청으로 쉴 틈이 없다. 시간적 자유도 충분하다. 원한다면 학원 강좌를 휴강하고 강연 일정을 조정해서 얼마든지 해외여행을 다녀올 수 있다. 시간에 쫓기는 삶이 아니라 내가 시간을 컨트롤할 수 있다.

더 이상 돈에 얽매이는 삶을 살지 않기로 했다. 일상에 여행을 가득 채우기로 결심했다. 영국에는 '일만 하고 놀 줄 모르는 사람은 바보다'라는 속담이 있다. 그동안 스스로를 혹사하며 살았다.

진정한 성공이 무엇인지 인지하지 못한 채 몇 푼 더 벌겠다고 휴무도 없이 밤늦도록 일만 했다. 이제는 나에게 여행이라는 선물을 줘야 할 때다.

원하는 날, 원하는 나라로 여행하며 진정한 여행의 참맛을 알아 갈 것이다. 쉬면서 다른 문화도 느끼고, 세상의 멋진 풍경과 아름다움을 사진과 마음에 담을 것이다.

여행은 작가이자 강연가인 나에게 크고 새로운 영감과 자극을 주는 최고의 기회다. 무라카미 하루키가 전 세계의 호텔을 여행하며 쓴 《해변의 카프카》라는 소설을 보다 보면 기상천외한 상상력에 놀라움을 금치 못한다. 모든 것이 여행을 통해 얻은 영감의 힘이 아닐까?

나는 경제적, 시간적 자유를 통한 여행 버킷리스트를 작성해 보았다.

　

- 호주에서 스카이다이빙
- 하와이 와이키키해변에서의 독서와 낮잠
- 영국 레미제라블 전용극장에서 관람
- 스위스 알프스의 관광열차 타기
- 체코 프라하 분수에서의 키스
- 세계 최대 크루즈를 타고 세계여행
- 아랍에미리트 수중호텔에서 숙박

- 뉴질랜드에서 한 달간 휴식
- 전 세계의 디즈니랜드 관광
- 전 세계의 최고급 호텔 스위트룸에서 책 쓰기
- 페루의 마추픽추 관광
- 개인비행기 구입하기

모든 실천은 계획과 목표 설정에서 시작된다. 버킷리스트를 내 방 가장 눈에 잘 띄는 곳에 붙여 놓았다. 매일 매 순간 여행지에 도착한 나를 상상한다. 그곳의 공기에 취하고 높고 푸른 하늘을 바라보며 세상에서 가장 행복하게 웃고 있는 나를 상상한다.

이제 해외여행은 겨우겨우 시간을 쪼개고 몇 년간 적금을 모아서 가는 것이 아니다. 나의 일상이고 '나' 자체다. 나의 영혼은 더욱 많은 것을 원하고 느끼고 싶어 한다. 의식이 성장하는 만큼 더욱 많은 경험과 체험을 해야 한다. 자유로운 해외여행을 통해 얻게 되는 많은 영감을 동기부여 강연가로서 널리 이롭게 활용할 것이다. 또한 성공자의 마인드를 다지고 새로운 아이디어를 창출하는 장으로 만들 것이다. 이제부터 시작이다.

대한민국 최고의 국민 MC이자 〈무한도전〉의 멤버 되기

내가 처음 사람들에게 꿈에 대해 이야기한 학원에서 강의를 할 때였다. 학생들에게 선생님이 내년에 MBC 〈무한도전〉에 출연하고 이후 새로운 멤버로 활동할 것이라고 말했다. 그러자 학생들은 늘 그렇듯 "네, 그러세요.", "또 어이없는 말씀하시네."라고 답했다. 수업 중 농담도 잘하고 재미있는 이야기를 많이 하니 학생들도 이제는 크게 반응이 없었다. 하지만 나는 확고했고 강하게 열망했다. 아래는 내 바람대로 〈무한도전〉의 새로운 멤버가 되었다는 가정하에 적어 본 것이다.

〈무한도전〉의 새로운 멤버라는 목표와 열망이 생겼으나 구체적으로 무엇을 해야 할지 막막했다. 나의 장점과 무기는 무엇일까 고민하고 연구했다. 내가 찾아낸 장점은 최고의 사회 능력이었다.

이를 토대로 나는 최고의 국민 MC로 발돋움하기로 했다.

나는 사회 능력을 일상 속에서 훈련하고 향상시켰다. 대학교 때의 학생회 활동은 큰 배움이 되었다. 특히 부학생회장, 학생회 장을 거치는 2년 동안 수많은 행사와 일정에서 사회를 보며 내가 마이크 체질이라는 것을 깨닫기 시작했다. 특히 엄중한 데모 현장에서 사회를 볼 때는 완전히 색다른 진행으로 주최 측과 현장에 있던 사람들로부터 환호를 들었다.

이는 삼성에 근무할 때도 계속되었다. 부서 회식이나 연말 송년회 자리에서 사회는 항상 나의 몫이었다. 퇴사한 뒤 학원에서 수학 강사로 일할 때도 항상 회식과 송년회 사회를 맡았다. 나에게는 나도 모르는 사회자의 자질이 넘쳤다.

그러나 사회를 본다는 것이 항상 즐거운 것은 아니었다. 삼성 근무 당시 갑작스럽게 다른 부서 회식의 사회를 보게 되었다. 식당에서 동료들과 밥을 먹고 있었는데 다른 부서가 회식 중이었다. 그런데 그 회식에 우리 부서 부장이 와서 나를 발견하고는 사회를 보라고 했다. 위에서 시키는데 안 할 도리가 있겠는가. 최선을 다해 분위기를 띄우며 사회를 진행했다. 동요 '꼬마 자동차 붕붕'을 단체로 부르며 마무리했다. 부장과 동료들은 정말 잘했다고 칭찬했다. 하지만 정작 나는 사회를 보느라고 저녁 식사도 제대로 하지 못해 힘들었다.

학원에서 송년회 사회를 볼 때도 마찬가지였다. 12월 31일 저녁 8시부터 식순대로 시상과 여러 행사를 이어 갔다. 10시가 넘어가자 강사들이 한두 명씩 슬슬 도망가기 시작했다. 하지만 행사는 계속되었다. 행사는 새벽 2시까지 예정되어 있었다. 학원장의 생일이 1월 1일이라 12시를 넘겨서까지 진행되는 것이었다. 나와 함께 새해를 맞이하기 위해 여자 친구가 밖에서 기다리고 있었지만 중간에 나갈 수가 없었다. 나는 사회자였기 때문이다.

그럼에도 불구하고 사회자라는 경험은 늘 재미있고 관객들의 호응이 넘칠 때는 뿌듯하기까지 했다. 누군가에게 즐거움을 주며 행사를 의미 있게 만들어 주는 사회자. 정말 멋진 일이 아닌가. 사회를 보느라고 먹지 못한 고기 한 점은 이 큰 감동에 비할 바가 아니다.

내가 사회를 볼 때 중요시하는 부분이 있다. 일단 사회를 보게 되면 전체적인 분위기 및 곳곳의 특징과 개성을 파악한다. 말투도 항상 당당하고 자신 있게 한다. 순서에 따라 사회를 보는 동시에 중간 요소요소에 즐거움을 삽입하는 것이 중요하다. 나는 바로 이 부분에 강점이 있다. 전혀 상관없을 것 같은 대상과 이야기를 연결해 그 상황에 잘 갖다 붙인다. 이야기는 그 자리에 함께하고 있는 사람들의 것으로 만들어 낸다. 그래야 호응도가 높고 소통하기 좋다.

나는 최고의 MC를 소원하던 중에 〈한책협〉이라는 퍼펙트 아카데미를 알게 되었다. 〈책 쓰기 과정〉을 통해 나의 저서를 출간했고 강연가로서의 꿈을 실현할 방법을 찾았다. 〈한책협〉의 대표 김태광 코치가 설립한 'TK 엔터테인먼트'가 그것이다.

TK 엔터테인먼트는 신인 작가들을 작가, 코치, 강연가, 1인 창업가로 육성해 성장할 수 있도록 돕는 작가 엔터테인먼트다. SM 엔터테인먼트, YG 엔터테인먼트에 이은 대한민국 최고의 엔터테인먼트 기업이다. 나는 TK 엔터테인먼트에 소속된 작가가 되어 강연가로서 TV에 출연하고 전문 MC로 한 걸음씩 나아가기 시작했다. 모든 것이 수월했다. 이미 많은 경험을 체득했고 TK 엔터테인먼트의 체계화된 시스템과 훈련으로 완벽하게 준비가 되어 있었다. 최고가 되고자 하는 열망과 의지가 불타올랐다.

첫 방송 강연은 많이 떨었음에도 큰 이슈를 불러왔다. 삼성을 퇴사하고 억대 연봉 수학 강사로 성공했다가 다시금 최고의 동기부여 강연가로 이어진 스토리가 주목받았다. 하나둘 방송출연이 늘어났고 직접 사회를 진행하는 강연 토크쇼 형식의 프로그램도 신설되었다. 나는 어릴 때부터 체득한 사회자의 기질과 재치 넘치는 말솜씨로 분위기를 압도했다.

강연과 방송을 통해 즐거움과 행복의 아이콘으로 알려지자 〈무한도전〉으로부터 출연 제의를 받게 되었다. 〈무한도전〉은 나에게 큰 위로가 되고 힘이 되어 준 프로그램이었다. 삼성에서 일이 바쁘고 힘든 시기를 보낼 때 유일하게 보던 프로그램이었다. 〈무한도전〉의 가장 큰 힘은 유재석이라는 최고의 예능인에 있다. 물론 다른 멤버들의 역할도 중요하지만 모든 것을 아우르며 열정적으로 프로그램에 임하는 유재석의 존재가 지금의 〈무한도전〉을 있게 했다.

〈무한도전〉은 내용 자체적으로도 재미와 흥미가 넘친다. 멤버들끼리의 조화도 훌륭하지만 단순한 재미만을 위한 프로가 아니다. 시기별 이슈에 예능의 요소를 섞어 교훈적인 내용, 사회적으로 생각해 봐야 할 문제들을 던져 주었다. 2011년 독도 특집에서는 일본의 독도 망언을 비틀기보다는 우리부터 독도를 제대로 알자는 메시지를 담았다. 2013년에는 무한상사 뮤지컬을 통해 직장인의 비애와 현실을 적나라하게 보여 줬다. 당시 뮤지컬 〈레미제라블〉을 패러디한 합창은 큰 감동을 주었다. 2015년에는 일본 하시마 섬을 다녀오며 잊고 있던, 일제강점기 시절에 강제 징용된 한국인 피해자들에 대해 알게 했다.

그러나 〈무한도전〉에 위기가 도래했다. 몇몇의 멤버가 사고로 빠지게 되었고, 정형돈은 몸이 좋지 않아 그만두었다. 점차 시청률이 떨어지고 예전의 재미를 찾기 힘들다는 댓글이 난무했다. 하지만 나는 그 와중에도 '저들과 함께하고 싶다'라는 생각을 했다. 나는 노홍철, 하하와 동갑이고 정형돈처럼 삼성전자 출신이다. 이

보다 더 딱 맞아떨어지는 배경을 가진 자가 있겠는가. 그리고 나는 억대 연봉의 수학 강사이자 최고의 동기부여 강연가로 많은 이들에게 꿈과 희망을 전파하고 있다. 더불어 전문 MC로 방송계에서도 자리를 잡아 가고 있다.

〈무한도전〉의 새로운 멤버로서의 삶은 멋질 것이다. 단순히 방송계에 몸을 담고 힘든 연예인이 되고자 하는 것은 아니다. 동경했던 프로그램을 함께 만들어 간다는 성취감, 인생에서 하고자 하는 모든 것을 이루게 한 잠재의식의 힘, 그 모든 것이 작은 꿈과 희망에서 시작되었다. 강렬하게 열망하고 치열하게 산다면 누구나 꿈을 이룰 수 있다. 내가 그런 본보기가 되고 싶었다. 더 이상 자신을 낮추거나 가리지 말고 꿈을 찾는 여행을 시작해야 한다. 꿈이 아무리 크고 남들이 생각하기에 이상하다 할지라도 원한다면 시작해야 한다. 하나씩 실천한다면 무엇이든 된다.

강사시절, 학생들에게 한 약속이 있다.

"선생님이 〈무한도전〉의 새로운 멤버가 되면 엄청 유명해져서 너희들이 연락을 해도 만나기 힘들걸. 그래도 문자 주면 딱 한 번 밥은 같이 먹어 줄게."

나는 약속은 꼭 지킨다. 나는 학생들이 부담 갖지 말고 연락 주기를 바란다. 이런저런 이야기를 나누며 같이 밥을 먹고 싶다. 그리고 그들의 꿈에 대해 아낌없는 조언을 해 주고 싶다.

PART 3

꿈을 찾아 주고 긍정적 피드백으로 자신감을 주는 강사

유옥주

유옥주 ♪

작가, 동기부여가, CS 강사 및 QA 강사 코치, 청춘 멘토, 부모 상담가

현재 고객 만족 CS 교육, 상담실 QA 평가 및 교육강사 코치로 활약 중이다. 또한 가정학습 및 독서
지도 전문가로서, 청소년, 부모 교육 멘토로서 10대들의 학업과 꿈을 실현하도록 돕는 동기부여가
다. 수년간의 고객 상담 및 교육강사 경험을 바탕으로 고객서비스 관련 개인저서를 집필 중이다.

E-mail okjoo70@hanmail.net

위대한
그녀처럼 살아가기

　그녀는 오늘도 산에 오른다. 따뜻하고 눈부신 봄 햇살을 맞으며 멀리서 손잡고 올라오는 엄마와 딸의 모습을 바라보면서 어린 시절을 떠올려 본다.

　크게 이름을 부르는 소리에 소녀는 잠에서 깬다. 아직 날이 밝지도 않았는데 부모님은 밭일을 나간다며 아침을 챙겨 먹으라고 당부한다. 졸린 눈을 비비며 간신히 잠을 깨선 억지로 몸을 일으켜 부엌으로 나간다. 쌀을 씻어 가마솥에 안치고 불을 지핀다. 호박과 고추를 대충 물에 씻은 뒤 숭덩숭덩 썰어 냄비에 넣는다. 학교에 갈 시간이 다가온다. 소녀의 행동이 빨라진다. 방으로 뛰어들어가 동생들을 깨우기 시작한다. 세수하는 것도 잊은 채 된장을 한 사발 뜨고, 호박과 고추에 소금 간을 한 뒤 부뚜막에 올려

놓곤 후다닥 마당으로 뛰어나간다. 풀을 작두로 자르고 쌀뜨물이 섞인 물을 부어 쇠죽을 끓인다. 다시 부엌으로 들어와 냄비의 호박을 볶기 시작한다. 그사이 동생들이 하나둘 일어난다. 상을 펴고 밥을 담아 된장과 고추, 호박무침을 올려 먹기 시작한다. 다섯이나 되는 어린 동생들의 밥 먹는 속도는 속이 터질 만큼 느리다. 늦게 먹으면 못 먹게 한다고 윽박지르며 입이 터져라 밥을 넣어 준다. 상을 치우고 설거지를 시작한다. 대충 밥알만 떨어질 정도로 물에 헹군 뒤 그릇을 엎어 놓는다. 책이 든 보자기를 들고 기어 다니는 막냇동생을 들쳐 업는다. 동생들도 소녀를 따라 재빠르게 움직인다.

마당을 지나 막 대문을 나서려는 순간 소녀의 아버지가 들어온다. 지게에는 풀과 나무가 한가득 실려 있다. 오늘은 고추도 따야 하고 깻잎도 따야 하니 바빠서 집에 들어올 시간이 없다며 학교에 가지 말고 동생들을 돌보라고 한다. 소녀는 안 된다고 소리치지만 아버지는 아랑곳하지 않고 지게만 내려놓고 나가 버린다. 동생들은 잘되었다는 표정으로 소녀를 보고 있다. 소녀는 그 자리에 털썩 주저앉아 울기 시작한다. 아무도 달래 주는 사람은 없다. 옆에 서 있던 바로 밑의 동생이 같이 울기 시작하자 줄줄이 5명이 모두 대성통곡을 한다. 그때 소녀의 나이는 열두 살이었다.

그녀의 어린 시절은 매일 동생들과 밥을 해 먹고, 쇠죽을 끓이고, 깻잎과 고추를 따고, 겨울이 되면 볏짚으로 새끼줄을 꼬아 소쿠리를 만들던 기억뿐이다. 버스정류장에서도 10분은 걸어 들어 가야 하는 산 밑 끝 집에 살던 그녀는 학교에 가는 날보다 결석 하는 날이 더 많던 8남매의 큰딸이다. 줄줄이 사탕처럼 늘어져 있는 동생들을 업어 키우고, 씻기고 돌보느라 정작 자신은 세수도 못하는 날이 많았고, 밥도 알아서 챙겨 먹어야 했다. 할아버지, 할 머니, 어머니, 아버지는 해가 뜨기 전에 밭에 나가 해가 진 뒤에야 돌아오시기 때문이다. 스스로 알아서 모든 집안일을 해야 했다.

어느 날 뒷마당에서 동생들과 장난을 치며 놀고 있는데 키가 작고 몸이 호리호리한 남자가 들어왔다. 조금은 무섭게 생긴 것 같다고 그녀는 생각했다. 서울에서 왔다는 남자는 방으로 들어가 부모님을 뵙고는 그녀를 힐끗 보고 가 버렸다. 부모님은 그녀를 시 집보낼 날을 잡았다고 했다. 그녀는 갑작스럽고 무서웠지만 서울 로 간다는 말을 듣고 이 지긋지긋한 시골을 떠날 수 있다는 생각 에 속으로는 신이 났다.

그녀는 처음으로 기차를 타고 고운 한복을 입고 서울 한복판 에 있는 한옥 집으로 시집을 갔다. 시골에서는 1년에 한두 번 먹 을 수 있는 고기반찬이 매일 새로운 양념과 색깔을 입혀 맛나게 차려졌다. 불고기, 잡채, 만두, 장조림, 사골국, 갈비 등 처음 먹어 보는 음식이 신기하고 맛있었다. 하지만 그녀의 고생은 계속되었 다. 그녀와 결혼한 남자는 6남매의 장남이었고, 같은 동네에 친인

척들이 모여 살고 있어 시골에서보다 거두어야 할 식구가 더 많았다. 돌아서면 밥상을 차리는 일은 시골에서나 서울에서나 매한가지였다. 청소, 빨래, 시어른과 3명의 아이들 돌보기까지 해야 할 일이 너무도 많았다. 하지만 힘들다고 투정 부릴 상대가 아무도 없었다.

서울로 시집온 지 4년 만에 큰애와 작은애를 데리고 처음 친정집에 갔다. 그녀가 결혼하던 해 그녀의 어머니는 막내를 낳았다. "어딜 가도 늘어지게 잠 한 번 편하게 잘 수 없는 팔자인가 보다."라고 오랜만에 만난 동생들에게 눈물을 흘리며 얘기했다. 그것이 그녀가 할 수 있는 힘들다는 표현의 전부였다.

그녀는 이제 일흔 살이 훌쩍 넘은 할머니가 되었다. 식구들은 이제 뿔뿔이 흩어져 각자 살고 있거나 이 세상 사람이 아닌 경우가 더 많다. 하지만 여전히 같이 살고 있는 막내딸의 잔소리를 들으며 밥을 하고 청소를 하고 빨래를 하고 있다. 물론 지금은 전기밥솥, 청소기, 세탁기 등 살림을 대신해 주는 것들이 많아 일 같지도 않다고 그녀는 생각한다. 문제는 음식과 생활 방식이다. 시골에서 먹던 습관이 그대로인 그녀는 요즘 세대인 딸의 입맛과 잘 안 맞는다. 많은 음식을 하던 습관 때문에 지금도 국이나 찌개를 끓이면 한 냄비 가득이다. 딸은 누가 먹는다고 이렇게 많이 끓여서 일주일 내내 같은 음식을 먹게 하냐며 투정을 부린다. 설거지나 청소를 해도 딸의 눈에는 깨끗해 보이지 않나 보다. 비위생적이라고 매번 핀잔을 준다.

그래도 그녀는 앵앵거리며 잔소리를 하는 딸이 고맙기만 하다. 딸은 잔소리를 퍼붓고 출근하는 날이면 선물을 사 들고 온다. 그녀가 좋아하는 단팥빵이나 치킨, 과일이나 예쁜 옷을 사 오기도 한다. 그녀는 돈 아깝게 이런 걸 왜 사 오냐고 하면서도 딸이 대견하고 믿음직스럽다. 맛있는 음식은 혼자 먹기 아까워 딸과 같이 먹을 때를 기다리며 두고두고 보기만 한다. 거의 매일 늦게 들어오는 딸은 기다린 그녀의 마음도 모르고 왜 안 먹고 상할 때까지 놔두냐고 화를 내기도 한다. 비싸 보이는 옷이 아까워 입지 않고 구경만 하는 그녀에게 딸은 예쁜 옷을 사 줘도 왜 입지 않냐며 또 화를 낸다. 밤이 늦어서야 들어오는 딸에게 저녁은 먹었는지 물어보고 싶지만 귀찮게 하고 싶지 않아 조용히 잠을 청한다. 이렇게 그녀의 하루가 지나간다.

평생 누군가의 눈치를 보며 힘겹게 산 그녀는 나의 엄마다. 요즘 세상에서는 상상할 수도 없을 만큼 힘든 시절을 보낸 내 엄마다. 웃는 모습이 아름답고, 남을 생각하는 마음이 아름답고, 자식들을 생각하는 마음이 한없이 고맙다. 남들 앞에서 수줍게 웃고, 여행을 가면 아이처럼 좋아하는, 소녀같이 아름다운 분이다. 걱정이 많아도 전혀 내색을 하지 않고 화가 날 때도 큰 소리를 내지 않으며 참고 또 참는다. 그런 엄마가 답답해 오히려 내가 더 많이, 더 자주 화를 낸다. 항상 건강하게 앞으로는 행복한 일만 있길 기도하면서도 매일 엄마에게 잔소리를 하는 나는 못난 딸이다.

언젠가 버킷리스트로 '엄마와 매일 손잡기'와 '매일 엄마 안아 주며 사랑한다고 말하기'를 적었다. 그 후로 난 엄마가 눈치채지 못하게 딴청을 피우며 엄마의 손을 잡는다. 매일 밤 엄마의 자는 모습을 보며 "엄마, 사랑해! 내 엄마가 되어 줘서 너무 고마워!" 라고 속삭인다. 훌륭하다 못해 위대하게만 느껴지는 그녀, 오늘도 내 곁에서 나만을 생각하며 끝없는 사랑을 주는 위대한 그녀를 존경하고 사랑하고 또 사랑한다.

세상의 모든 위대한 어머니를 생각하며 지금 바로 엄마에게 사랑한다고 말해 보자. 바다 같은 마음과 한없는 사랑을 가르쳐 주신 어머니가 우리 곁을 떠나기 전에 어서 빨리 고백하자.

나의 영원한 멘토인 오빠의 삶 본받기

　가을 단풍이 그림같이 아름답던 어느 날 새벽, 한 여자아이가 태어났다. 아이는 손대기가 무서울 정도로 작았다. 집안 어른들을 비롯해 많은 친척들이 저렇게 작은 아이가 어찌 숨을 쉬냐며 신기해했다. 그래도 아이는 별 탈 없이 무럭무럭 자랐다. 걸음마를 시작하고, 말을 배우며 어른들의 귀여움을 독차지하는 막내딸로 자랐다. 작은 키와 마른 체구를 스스로 보호라도 하듯 많이 울어 '찡찡이'라는 별명이 생겼다. 좋아도 울었고, 싫어도 울었고, 아파도 울었고, 배가 고파도 울었고, 하고 싶은 대로 하지 못하면 더 크게 울었다. 그런 아이를 달래 주는 건 할머니였다. 할머니는 매일 울어서 목청이 좋다며 어른이 되면 노래를 잘할 거라고 했다. 그 찡찡이가 바로 나, 유옥주다.

우리 가족은 할아버지, 할머니와 같이 사는 보기 드문 대가족이었다. 어린 시절 집이 좁다고 느껴 본 적은 없지만 나만의 공간, 내 방은 없었다. 학교에 들어가 다른 아이들과 비교하게 되면서 우리 집이 그다지 부자가 아니라는 것을 알게 되었다. 공주님 같은 침대와 책상이 놓여 있는, 자기 방을 갖고 있는 친구들이 부러웠다. 우리 집에서 방을 혼자 쓰는 유일한 사람은 오빠였다. 항상 재미있고 멋있는 오빠였지만 조부모님과 부모님, 모든 친척들에게 장손이라는 타이틀로 최고의 대우를 받는 오빠에게 가끔은 샘이 났다.

나는 오빠 방에서 노는 것을 좋아했다. 오빠는 나보다 여섯 살이 많았다. 나는 오빠에게 권투 시합을 하자고 조르기도 하고, 오빠 방에서 숙제를 한다고 징징거리고, 크리스마스가 되면 크리스마스 장식을 한다고 오빠 방을 엉망으로 만들기도 했다. 늦은 시간까지 오빠 방을 지키고 있자면 가끔 아버지가 술에 취해 사 들고 오는 통닭과 빵이 내 차지가 되기도 했다. 오빠는 웬만하면 나의 부탁을 들어줬고, 좀처럼 화를 내지도 않았다.

학교를 졸업하고 회사를 다니면서도 오빠와 나는 항상 같이 있었다. 평일에는 각자 생활에 바쁘다 보니 얼굴 볼 시간이 없지만 주말이면 함께 시간을 보냈다. 오빠가 만들어 주는 음식은 최고로 맛있었다. 가끔 둘이 외식을 하기도 하고, 드라이브도 하고, 유행하는 개그프로그램의 한 장면을 흉내 내기도 하면서 다정하게 지냈다.

그러던 어느 날 오빠가 결혼할 여자를 데리고 왔다. 당연한 일이었지만 왠지 오빠를 빼앗기는 기분이 들었다. 시간이 흘러 오빠는 두 아이의 아빠가 되었다. 그동안 나는 나만의 공간을 갖고 싶어 부모님을 떠나 독립했고, 이런저런 일로 바쁘게 살면서, 오빠가족들과는 명절이나 가족 행사 때만 만나게 되었다.

그날도 나는 친구들과 저녁 모임을 갖고 있었다. 휴대전화가 울리는 소리에 밖으로 나와 전화를 받았다. 형부였다.

"처제, 여기 지금 삼성병원인데…. 오빠가 쓰러졌어. 중환자실에 있어. 빨리 와!"

심장이 터질 것 같았다. 너무도 건강했던 오빠였다. 지난 명절에도 나와 함께 밤새 술을 마시며 이런저런 얘기를 나눴었다. 며칠 전에는 휴가를 내고 부모님과 여행도 다녀왔다. 그런 오빠가 갑자기 중환자실에 누워 있다는 것이 믿기지 않았다. 병원에는 벌써 가족들이 모여 있었고, 엄마와 올케는 눈물범벅이 되어 금방이라도 쓰러질 것 같은 모습으로 앉아 있었다. 심장마비라고 했다. 회식을 마치고 돌아오는 길에 갑자기 쓰러진 것이다. 심폐소생술을 2시간 넘게 해 심장이 다시 뛰기는 하지만 뇌로 가는 산소 공급이 오랜 시간 지체되어 어찌 될지 모른다고 했다. 산소 호흡기를 달고 가만히 누워 있는 오빠의 모습을 보고 나는 자리에 주저앉았다.

오빠는 중환자실에서 3개월을 지내다 세상을 떠났다. 우리에게 말 한마디 안 하고, 눈 한번 쳐다보지 못하고 그대로 떠나 버렸다. 그때 조카들은 겨우 열 살, 아홉 살이었다.

지금도 난 오빠의 잘생긴 얼굴과 훤칠하고 멋있었던 모습을 그대로 볼 수 있다. 큰조카가 오빠를 쏙 빼닮아 멋지게 자랐기 때문이다. 우리 가족은 예전과 똑같이 지내고 있다. 명절 때면 오빠 집에 모여 음식을 하고, 얘기를 나누고, 차례를 지내고, 친척 집을 방문한다. 그저 오빠만 없을 뿐이다. 우리 기억 속의 오빠는 늙지도 변하지도 않는다. 항상 그 모습으로 우리와 함께한다. 하지만 누구도 오빠 얘기를 먼저 꺼내지는 않는다. 말을 하진 않지만 우리 가족들의 모든 행동 기준은 오빠다. "이건 오빠가 엄청 좋아하는데.", "이런 선 오빠 안 먹어.", "이렇게 하면 오빠한테 혼날 텐데.", "여기는 오빠가 자주 왔던 곳인데." 등등 오빠는 우리 곁에 늘 살아 있다.

가끔 유난히 오빠가 생각나는 날이 있다. 오빠는 장손으로 태어나 집안에서 최고로 귀한 아들이었고, 학창시절 좋아하던 축구를 한없이 했었고, 대학시절에는 낭만을 꿈꾸고 청춘을 즐기며 맘

껏 여행을 다녔다. 졸업 후 그 시절에는 거의 없었던 주 5일 근무하는 회사를 다녔고, 행복한 가정에 건강한 아들을 2명이나 보았다. 성격이 조금 까칠하긴 하지만 남에게 피해를 주지 않는 매너 좋은 사람이라 인기도 많았다. 아버지가 돌아가신 뒤 가장으로서의 역할도 충실히 잘해냈다. 아이들에게는 한없이 좋다가도 가끔은 엄격한 아빠이기도 했다. 엄마와 나에게는 아빠보다도 더 든든한 기둥이었다. 항상 웃으며 자질구레하고 소소한 집안일까지 꼼꼼히 챙기는 다정다감한 남편이자 아들이었다.

그런 오빠가 세상을 떠나고 난 뒤 나는 엄마를 책임지고 집안의 모든 일을 챙기며 조카들에게는 든든한 바람막이가 되어야 한다는 생각에 부담을 느꼈다. 그러면서 내가 생각했던 것만큼 오빠의 삶이 편하지만은 않았다는 것을 알게 되었다. 가장이라는 말만으로도 책임져야 하는 많은 부분이 늘 힘들었으리라 생각된다. 하지만 그 누구도 눈치채지 못할 만큼 오빠는 그 역할을 잘해냈다.

나는 무언가를 시작하거나 선택해야 할 때 오빠를 생각하는 습관이 생겼다. '이런 경우 오빠라면 어떻게 했을까? 오빠라면 어떤 선택을 했을까? 오늘도 우리를 보고 있을까? 더 잘하라고 격려하고 있으려나?' 나는 살아 있는 사람과 상의하듯 늘 오빠에게 물어보고, 힘들고 속상할 땐 투정을 부리는 마음으로 하늘을 본다. 어릴 적 찡찡이를 달래 주던 오빠의 얼굴을 생각하며, 같은 시대를 살고 소소한 이야기를 함께해야 할 오빠가 없다는 것을 원망하면서 말이다.

늘 나의 마음속에 변함없이 멋있는 사람으로 남아 있는 오빠를 사랑한다. 우리 가족 마음속에선 영원한 희망이고 나에겐 영원히 살아 있는 훌륭한 멘토인 오빠가 언제나 아름답게 우리를 지켜 주고 있다고 믿는다. 영원한 사랑과 그리움이란 어떤 것인지 알게 해 준 오빠가 어제도 오늘도 내일도 그립고 보고 싶다.

오늘도 그날처럼
사랑하기

　누군가를 나 자신만큼 사랑해 본 적이 있는가? 나보다 더 많이 나를 알고 있는 누군가를 만나 본 적이 있는가? 그 사람을 위해서라면 나의 모든 것을 줄 수 있는 사랑을 해 본 적이 있는가? 사람들은 첫사랑을 잊지 못한다고 한다. 나도 그렇다고 생각했다. 하지만 그를 만나게 되면서 첫사랑은 처음 사랑한 사람이 아닌, 가장 많이 사랑한 기억이라는 것을 배웠다. 부모님과 떨어져 혼자 지내게 되었을 때 부모님보다도 더 나를 걱정하며 챙겨 주던 그 사람을 지금도 잊을 수가 없다. 하루의 24시간이 마치 나를 위해 존재하는 것처럼 오로지 나에게만 집중되어 있던 그 사랑을 나는 감히 흉내 내지도 따라 하지도 못할 것 같다. 나에게 '사랑'이란 어떤 것인지 알려 주고 가르쳐 준 한없이 고마운 사람이다.

친한 언니와 만나기로 한 자리에 언니가 한 남자를 데리고 왔다. 해외 지사에 근무하는 후배인데 휴가차 한국에 잠깐 나온 거라 시간이 없어 같이 보자고 했다는 것이다. 서글서글한 인상에 입담도 좋은 편이라 어색함 없이 재미있고 즐거운 시간을 보냈다. 자리가 거의 마무리될 쯤 언니가 너희 둘은 나이도 동갑이고 싱글이니 가끔 메일이라도 주고받으며 친구로 지내라고 했다.

우리는 메일을 주고받으며 가끔 채팅도 했다. 언젠가부터 일상을 얘기하게 되고, 서로의 일과까지 다 아는 사이가 되었다. 비슷한 점은 크게 공감하고, 다른 점은 배우기도 하면서 친해지게 되었다. 그러다가 어느새 그 사람이 4개월에 한 번씩 휴가를 나오는 날만을 기다리는 사이가 되었다. 서로에게 의지하고 감싸 주며 자연스럽게 연인이 되었다. 그 사람이 휴가를 나올 때면 함께 여행을 다니기도 했고, 헤어짐이 아쉬워 손을 꼭 잡고 공항에서 울기도 했다. 그가 본사 발령으로 외국 생활을 접고 한국으로 들어오게 되면서 우리는 본격적으로 연애를 시작했다.

아침에 눈을 뜨는 순간 전화를 걸어온다. 잠에서 깬 잠긴 목소리가 너무 좋다고 한다. 아침밥은 꼭 먹고 출근하라는 말로 전화를 끊는다. 회사 근처 전철역 앞에 양복을 깔끔히 차려입은 사람이 서 있다. 걸어오는 나를 흐뭇한 미소를 머금고 쳐다본다. 말없이 손을 잡고 회사 앞까지 바래다 주고 다시 전철역으로 간다. 출근하기 전 내 모습을 잠깐이라도 보기 위해 번거롭고 귀찮은 일을 매일 반복한다. 점심때가 되면 어김없이 전화를 걸어 별일 없는지, 밥은 먹었는지, 퇴근은 언제 하는지를 묻는다. 퇴근 시간이 되면 다시 만나 데이트를 한다.

항상 손을 잡고 옆에 있다. 한시라도 떨어지면 큰일 날 것처럼 꼭 붙어 있다. 집에 올 때는 내일 아침거리를 챙겨 갖고 온다. 집에 들어와 여기저기를 살피며 불편한 것은 없는지, 부족한 것은 없는지 확인하고 돌아간다. 주방세제라도 떨어지면 다음 날 꼭 사 오거나 주말에 함께 장을 본다. 미용실을 가야 하는 날짜나 가족들의 생일, 집안 제사일까지 챙겨 주며 선물도 잊지 않는다. 기념일도 빠짐없이 챙긴다. 감기에 걸려 아프기라도 하면 옆에서 떠나지 않고 간호를 해 준다. 회사 일로 고민하면 언제든지 들어 주고 해결도 해 준다. 혼자 있을 때 들으라며 최신 가요부터 팝송, 재즈, 클래식까지 담은 CD를 만들어 준다. 와인이 먹고 싶다고 하면 와인에 대해 공부해서 좋은 와인을 주문하고 설명도 해 준다. 친구들과 만나는 날이면 밖에서 몇 시간이고 기다리다 집에 데려다주고 돌아간다. 어쩌다 못 만나는 날이면 밤늦게라도 5분을 만나기 위해 먼 길을 달려온다.

하지만 시간이 흐르고 그에게 익숙해지면서 고마웠던 모든 일들이 귀찮음으로 변하기 시작했다. 뭐든지 함께해야 한다는 생각이 처음에는 그렇게 든든하더니 나중에는 심한 구속으로 느껴졌다. 점점 자유가 없어지는 것 같았다. 꼼꼼하고 차분한 그의 성격이 언젠가부터 여성스러워 보이고 답답하게 느껴졌다. 가끔은 '나'라는 존재는 없어지고 그 사람이 만든 인형이 되어 버린 것 같았다. 그의 이성적인 생각과 행동이 늘 존경스러웠지만 언젠가부터 재미가 없어지고 나를 잘못한 사람처럼 만드는 것 같아 짜증이 났다. 머리부터 발끝까지 내 스타일은 없어지고 그의 기준에 맞는 사람이 되어 가는 것 같았다. 친구들도 항상 그와 함께 있는 나를 부담스러워했다. 점점 결정권이 없어지고, 틀에 박힌 그와의 시간에 싫증이 나기 시작하면서 다투는 일이 많아졌다. 결국 나는 만난 지 3년이라는 세월을 뒤로하고 이별을 선언했다.

그와 헤어지고 처음에는 자유를 얻은 것 같은 기분에 편안함을 느꼈다. 하지만 홀가분한 기분은 며칠 가지 않았다. 혼자 있는 시간이 외롭고 무서워지면서 후회가 되었다. 시간이 조금 더 지나자 모든 잘못은 나에게 있다는 것을 깨달았다. 그 사람을 변하게 만든 것은 나였다.

늘 함께하지 않으면 나에게 관심이 없는 거라며 투덜거렸고, 내가 무슨 옷을 입는지, 무얼 먹고 싶어 하는지, 무얼 하고 싶어 하는지, 항상 나만 바라보라고 강요했다. 기념일에 이벤트가 없으면 사랑하지 않는 거라며 핀잔을 주곤 했다. 남자는 항상 이성적이고 신사적이어야 한다고 강요하고, 무조건 지적인 남자가 되어야 한다고 몰아붙이기도 했다. 있는 그대로의 그를 받아들이기보다 내가 원하는 남자로 변하기를 바랐다. 마음이 없어 행동으로 표출이 안 되는 거라며 힘들고 귀찮은 일도 당연히 해야 하는 것처럼 세뇌시키듯 강요하고 나만을 더 많이 사랑하라고 닦달했다.

　담답함과 부담감, 구속감을 느낀 것은 오히려 그였을 것이다. 내가 한 말을 기억하지 못하거나 알아주지 않으면 화를 냈기 때문에 그는 기를 쓰고 기억하려 했던 것이다. 그는 나에게 맞추고 최선을 다했지만 돌아온 것은 더 많이, 더 큰 것만을 강요하는 나의 불만뿐이었다. 있는 그대로 받아 주고 이해하고 항상 노력했던 그에 비해 부족한 것은 다름 아닌 나였다.

　지금도 그의 다정하고 자상한 말투와 행동이 눈에 선하다. 늘 함께 행복한 삶을 살기를 바랐던 그가 그립다. 가족의 소중함을 우선으로 생각하고, 무섭고 험한 세상에서 나를 지켜 주고 싶어 했던 남자다운 그가 보고 싶다. 소소한 일상에서 큰 행복을 느끼고, 하나님의 말씀대로 살려 노력했던 그가 고맙다. 이별 후 한참이 지나고 나서야 나는 하나님을 만나게 되었고, 그 큰 사랑을 함께하고 싶은데 이제는 그럴 수 없다는 것이 아쉽다. 나 자신을 알게 해 주고 사랑이 무엇인지 느끼게 해 준 그에게 한없이 고맙다.

　나는 지금도 이런 첫사랑이 다시 올 거라 기대한다. 오직 그 사람만을 위해 내 시간을 기꺼이 내어 주고 내 것을 포기하고 양보해도 아깝지 않은 사랑을 기다린다. 다시 사랑이 찾아온다면 어리석은 실수는 하지 않을 거라 자신하며 준비하고 있다. 시간이 흘러 사랑이 조금 식더라도 믿음과 편안함을 줄 수 있는 내가 되기 위해 연습한다. 멋진 사랑이 왔을 때 환한 웃음과 열린 마음으로 있는 그대로를 받아들이기 위해 나를 내려놓는 연습을 한다. 나에게 올 새로운 사람에게 걸맞은 매력적인 내가 되기 위해 노력하며 나를 응원한다. 혼자 있는 시간들에는 사랑하는 이에게 들려 줄 근사한 이야기들을 차곡차곡 쌓고 있다. 아름답고 성숙한 사랑이 찾아오는 날을 기대하고 준비하며 하루하루를 감사함으로 채워 가리라.

최고 강사로
살아가기

나는 소형 가전 회사의 고객센터에 입사한 지 1년이 되던 날 사내 교육 강사직을 제안받았다. 많은 사람들 앞에서 강의하는 것은 한 번도 해 본 적이 없었고, 강사 일은 생각해 본 적도 없는 나로서는 선뜻 받아들이기 어려운 제안이었다. 하지만 회사에서는 그동안 고객들에게 친절하게 응대했던 대로 알려 주면 된다며 내게 그 일을 맡을 것을 강요했다. 결국 나는 등 떠밀리다시피 강사직을 맡게 되었다.

나의 첫 번째 업무는 기존 상담원들의 고객응대 녹취를 듣고 평가하는 것이었다. 콜센터에서 일하는 사람들은 매일 밀려오는 고객 전화에 쉬지 않고 응대한다. 운이 없는 날에는 줄곧 불만고객만 만나기도 한다. 그래서 점심시간이나 쉬는 시간에 직원들끼리 삼삼오오 모여 속상한 마음을 달래며 위로한다. 자신은 잘못이 없고 고객이 이상한 것이라고 하거나 재수가 없었다고 생각하기도 한다.

하지만 상담원들의 녹취를 들어 보니 고객은 아무 잘못이 없다는 것을 알게 되었다. 응대하는 직원들의 말투나 부족한 상담 스킬로 오히려 고객 불만이 커졌다. 이 일을 어쩐단 말인가? 매일 친하게 지내던 동료들에게 안 좋은 피드백을 해야 했다. 나보다 경력이나 나이가 많은 직원들도 있었다. 도저히 할 수 없을 것 같다고 말했지만 때는 이미 늦었고, 무조건 해야 한다는 말뿐이었다.

며칠을 고민하다 고객 응대가 아주 잘된 녹취를 들려주기로 했다. 고객이 만족하는 응대 콜을 듣고 나면 잘못된 부분을 알려주기가 편할 것 같았다. 녹취를 듣는 직원들의 표정은 불편해 보였지만 효과는 아주 좋았다. 직원들은 녹취를 들으며 본인과의 차이점을 느끼고, 피드백도 인정하며 받아들였다.

그렇게 나의 강사 업무는 시작되었다. 신입사원들에게 회사에서 생산되는 모든 제품을 설명하고 상담에 필요한 지식들과 고객에게 조리 있게 설명하는 능력 그리고 고객 유형별 응대 요령 또한 알려 주었다. 처음에는 내가 알고 있던 기본 지식과 교육 책자의 내용을 떨리는 마음으로 더듬거리며 중구난방으로 교육했다. 시간이 지나 교육을 여러 차례 진행하게 되면서 나의 강사 스킬도 점점 늘어나게 되었다.

훌륭한 강의를 위해선 강의 시간보다 몇 배의 시간을 준비해야 했다. 누구보다도 많은 것을 자세하게 알고 있어야 질문에 바로 답할 수 있었다. 매일 야근을 해야 했고, 컴퓨터를 다루는 것이 서툴러서 교육 자료를 만드는 데도 많은 시간이 필요했다. 주말에도 출근해 자료를 만들고 교육을 준비하면서 신제품 연구도 해야 했다.

힘들지만 재미있었다. 지식을 나누어 주고 그것을 받은 사람들의 실력이 늘어나고 우수한 사원으로 자리를 잡는 모습은 보람과 성취감을 줄 뿐 아니라 삶의 희망과 원동력이 되었다. 나는 누가 시키기 전에 자료를 업데이트하고, 모든 자료를 통합해 보기 쉽고 이해하기 쉽게 만들었으며, 신입들이 가장 어려워하는 부분을 알아차려 개인 성향에 맞춰 피드백을 하기도 했다. 신입 직원들은 나를 척척박사로 인정했고, 기존 직원들도 따르기 시작했다. 간부 회의에서 나의 의견이 가장 많이 반영되기도 하면서 영향력은 조금씩 커졌다.

어느 날, 퇴사를 하겠다는 직원과 면담하게 되었다. 입사한 지 6개월 된 직원이었다. 콜센터의 특성상 이직률이 높긴 하지만 6개월이면 업무에 대해서도 거의 파악되었을 시기이고, 고객 만족도도 높은 직원이어서 의아해하며 상담을 시작했다.

"무슨 일 있어요? 가장 힘든 일이 어떤 건가요? 제가 최선을 다해 도와드리겠습니다."

나의 말에 직원은 갑자기 눈물을 흘리기 시작했다. 처음 우리 회사에 입사해 교육을 받을 때 나의 모습이 너무 근사하고 멋있어 보여 자신도 꼭 열심히 일해서 멋진 강사가 되겠다고 다짐했다고 한다.

하지만 일하는 내내 팀의 관리자가 자신을 너무 무시했다고 한다. 고객이 원하는 것을 단번에 알아차리기 어려운 신입사원임에도 불구하고 왜 못 알아듣냐며 자신을 바보 취급하는 것에 자존심이 상해 더 이상 이 회사를 다닐 수 없다고 말했다. 직원의 이야기에 나는 당황할 수밖에 없었다. 그 관리자는 나와 가장 친했던 동료였기 때문이다. 늘 자기 위치에서 최선을 다하는 것으로만 알고 있던 사람이었다.

나는 다른 팀으로 옮겨 주겠다는 약속과 부족하다고 느끼는 부분은 꼭 알려 주고 상담 스킬을 높여 우수 직원으로 만들어 주겠다는 약속, 내가 퇴사할 때 뒤를 이어 강사가 될 수 있도록 추천해 주겠다는 약속을 했다. 그 직원은 나를 믿고 계속 근무하기로 했다.

누구와의 면담으로도 흔들리지 않고 확고하게 퇴사 의사를 밝힌 직원의 마음을 단번에 돌려놓은 것을 계기로, 나는 직원들의 고충을 들어 주는 상담사 역할도 도맡아 하게 되었다.

그리고 그 관리자는 직원들을 대하는 태도와 직원 상담 방법, 관리자로서의 능력 향상 교육을 몇 차례나 받아야 했다. 하지만 사람은 쉽게 변하지 않는다. 그 후로도 직원들의 불만은 많았고, 결국 관리자는 다른 사람으로 교체되었다.

나도 모르던 능력을 강사라는 직업을 통해 알게 되었다. 내가 누군가에게 큰 힘이 될 수도 있다는 사실과 본보기가 되고, 용기를 줄 수 있다는 것이 신기했다. 내가 이렇게 말을 조리 있게 잘하는 사람이었는지도 처음 알았다. 맡은 업무에 최선을 다하고, 많은 사람들이 나의 도움을 받고 고마워하는 것이 보람 있게 느껴져 열심히 일한 결과가 오히려 나에게 큰 자신감으로 돌아온 것이다. 사람을 파악하는 예리한 눈을 배웠고, 고객이 원하는 것을 알아차리는 센스가 남들보다 뛰어나다는 것을 발견했다. 또한 부족한 부분을 콕 찍어 내는 무서운 직감을 가졌다는 것을 알게 되었다.

수많은 교육 경험들을 통해 많은 것을 배울 기회가 주어졌다. 관리자로서 일하면서 조직생활의 엄격함과 조직력을 배웠으며, 말과 행동에 대한 책임감을 배우게 되었다. 강사 일은 지금까지 하고 싶은 일을 편하게, 내키는 대로 하던 나라는 존재를 어떤 사회에서도 자신감을 갖고 도전할 수 있게 하는 진정한 사회인으로 키워 주었다.

나는 교육 강사로 4년을 근무하고 팀장으로 승진했다. 강사와 팀장은 맡은 업무가 너무도 달랐다. 하루 종일 서서 강의하는 육체적인 수고스러움은 줄었지만, 팀장은 직원들에게 도움을 주는 업무를 하는 사람이 아니었다. 직원 평가표를 매번 수정해 팀 실적을 올려야 했고, 생산성이나 회사의 이윤 추구를 위해 일해야 했다.

그 일들은 내가 하고 싶은 일과는 거리가 멀었다. 하루하루 무서운 사람, 어려운 사람으로 변하는 자신이 싫어졌다. 결국 팀장 업무를 맡은 지 1년 만에 퇴사했다.

지금은 걱정이 많은 사람들, 부정적인 기운으로 매사 신경질적인 사람들을 위해 멘토 역할을 하고 있다. 웃을 기회를 만들어 주고 행복을 느낄 수 있도록 마음의 변화를 돕는 메신저 일을 하고 있다. 기업의 CS 강의도 하고 있다. 사내 강사로서 느끼지 못했던 더 큰 보람을 느끼고 있다. 나와 전혀 다른 인생을 살았던 사람들과 이야기를 나누며 같이 울고 웃는 생활을 하고 있다. 사람들에게서 장점만을 찾아 자신도 모르는 자신을 끄집어내어 알게 해 주고 긍정적 피드백으로 자신감을 주고 있다.

또한 지금 공부를 왜 해야 하는지 정확하게 알지 못하는 중·고등학교 학생들이 진정한 꿈을 찾을 수 있도록 희망을 안겨 주고 있다. 나는 사람들이 선한 영향력과 긍정적인 가능성을 발견할 수 있도록 도움을 주고 있다. 나 또한 하루하루를 감사하는 마음으로 살아가면서 말이다.

05
까칠하고 독특한
친구들과 함께하기

나에겐 3명의 친구가 있다. 고등학교 동창인 이 친구들은 개성이 너무 강해 가끔은 버겁기도 하고 때론 무섭기도 하다. 우리는 이구동성으로 자신이 제일 평범하다고 말한다. 제일 독특하고 특이한 사람은 항상 그 자리에 없는 친구다. 젊은 시절에는 사소한 의견 차이로 큰 소리를 내며 싸우기도 했고, 그 일로 몇 달씩 안 보기도 했다. 세월이 흘러 자식들의 사춘기를 치른 뒤부터 친구들은 이해심과 참을성이 낳아졌다. 이제 분위기가 안 좋다 싶으면 누군가 입을 다물거나 화제를 돌린다. 그래도 고민거리가 생기거나 집안에 일이 생기면 가장 먼저 상의하는 우리는 제일 친한 친구다.

연애 10년에 결혼 4년 차 영애. 위로 언니가 자그마치 5명이 있는 막내딸에, '귀남이' 남동생이 있다. 아직 아이는 없다. 영애는 원래부터 아이를 싫어했다. 일부러 피임을 하는 것은 아니지만 병원을 다닌다거나 아이를 갖기 위한 노력도 하지 않는다. 신랑도 마찬가지다. 회사생활에 충실하고 집에서는 편안하게 휴식을 취하며 취미생활을 한다.

영애는 아무것도 하지 않는다. 대학을 졸업하고 한 번도 취직을 해 본 적이 없고, 잠이 많아 기상시간은 항상 오전 11시경이다. 잠을 많이 자는데도 기운이 없어 하루에 한 가지 일만 해야 한다. 친정어머니가 연세가 많고 거동이 힘들어 일주일에 한 번씩 친정에 간다. 가끔 집 근처에 사는 동네 친구를 만나 쇼핑을 하고 차를 마신다. 일주일에 한두 번 저녁을 하고 청소기와 세탁기를 돌리고 인터넷으로 생필품을 주문한다. 그 밖에 하는 일은 없다. 하지만 늘 바쁘고 힘들고 기운이 없다.

영애는 남에게 피해를 주거나 빌리는 것을 싫어한다. 자동차를 사거나 집을 살 때도 현찰로 사야 직성이 풀린다. 대출 따위는 용납할 수 없는 성격이다. 참 심플한 인생이다.

결혼 17년 차 명자. 맞선을 보고 결혼했다. 중3, 초4 딸아이가 있다. 사업을 하는 신랑은 매일 바쁜 일정 때문에 공장에서 지내는 경우가 많다. 명자는 신랑 사업에 관심이 없다. 꼬박꼬박 생활비만 입금되면 그걸로 땡큐다. 곱슬머리인 것이 학창시절부터 싫었던 명자는 지금도 3일에 한 번씩 미용실에 들러 머리손질을 한다. 친구들은 집에만 있는 애가 왜 미용실에 가서 드라이를 하는지 의아해하지만 그건 명자만의 스트레스 해소법이고 삶의 낙이다. 명품 가방과 신발, 옷도 자주 산다. 동네 친구들과 점심을 먹고, 1년에 한두 번 아이들 학교 행사에 참석하는 것이 전부인 명자는 동네에 나갈 때도 한껏 차려입고 나간다. 귀찮지도 않은지 참 신기하다.

사업가 홍주. 결혼 1년 만에 신랑이 사고를 당해 혼자 아이를 키우고 있다. 인터넷 사업을 한 지 벌써 10년이 넘었다. 사업이 잘되는지 아이를 미국과 뉴질랜드로 조기유학 보냈다.

얼마 전 아이가 한국으로 돌아왔다. 우리나라 학년으로 중3이다. 더 이상 유학은 보낼 수가 없다며 대안학교에 보냈다. 유학한 학교는 학력을 인정받을 수 없어서 초등학교, 중학교를 검정고시로 패스해야 한다. 검정고시 공부를 시켜 주는, 교회에서 운영하는 대안학교는 집에서 전철로 2시간이나 걸린다. 대안학교가 너무 괜찮다며 고등학교까지 보내야겠다고 그곳으로 이사를 했다.

얼마 지나지 않아 아이는 고등학교는 일반 학교로 가고 싶다고 했다. 이사한 지 한 달 만에 생각이 바뀐 것이다. 엄마의 변덕스러움을 닮은 것 같다. 홍주의 아이는 한국말이 서투르고 이해를 못하는 말들이 많아 수업시간에 엉뚱한 질문으로 웃음을 주는 스타가 되었고, 입학한 지 6개월 만에 전교생 15명 중 회장이 되었다. 홍주는 그런 딸과 싸우는 일이 하루 일과 중 반 이상을 차지한다.

홍주는 홈쇼핑과 마트를 무척 좋아한다. 마트에 가면 카트가 넘치도록 물건을 담는다. 홈쇼핑 택배는 매일 받는 편이다. 홍주 집에는 없는 것이 없다. 가전제품을 비롯해 식품건조기, 약탕기, 적외선 반신욕기부터 화장품, 건강식품, 생필품이 가득하다. 하지만 홍주는 늘 사업이 안 된다고 투덜대고 돈이 없다고 한다. 어떻게 살림을 꾸려 나가는지 알 수 없지만 참 좋은 친구다.

난 아직 미혼이다. 여러 차례 남자 친구가 있었고, 결혼 이야기가 오간 적도 있지만 결혼으로 이어지지는 못했다. 지금은 회사를 다니며 엄마와 함께 살고 있다. 잠시 분가했다가 아버지가 돌아가신 뒤 바로 엄마와 다시 합쳤다. 회사 일도 많은 편이고, 지는 것을 싫어하는 욕심쟁이라 최고가 되려고 노력하지만 마흔 살이 넘어가면서 힘이 빠진다. 늘 바쁘게 지내다 보니 신경이 예민하다.

친구들 중 그나마 결혼을 늦게 한 영애와 자주 만나 술을 마시는 편이었으나 영애가 결혼을 하고 난 뒤에는 영애 신랑이 출장을 갈 때만 만난다. 홍주는 딸아이가 유학생활을 하면서 혼자 지내는 경우가 많았고, 내가 다니는 회사와 집의 거리도 가까운 편이어서 자주 만났다. 멀리 이사한 뒤에는 만남이 조금 뜸해졌다. 명자는 내가 쉬는 날이나 시간에 여유가 있을 때 만난다. 동네를 벗어나는 것을 싫어하기 때문에 내가 찾아가는 경우가 대부분이다. 우리는 1년에 한두 번 생일이나 송년회를 빌미로 다 같이 모인다. 영애는 결혼 후 그 자리에도 잘 나오지 않는다.

내가 사귀던 남자 친구와 헤어진 날, 오랜만에 홍주네 집에 모였다. 영애는 다음에 따로 만나자며 참석하지 않았다. 내가 남자 친구와 헤어진 이유를 설명하는 동안 다섯 번이나 이야기가 끊겼다. 홍주와 명자가 중간에 자꾸 다른 이야기를 했기 때문이다.

나는 헤어진 것을 후회하는 것도, 그를 원망하는 것도 아니다. 그저 누군가와 이야기하고 싶었을 뿐이었다. 하지만 명자와 홍주는 그럴 줄 알았다, 보기보다 지질하다, 이기주의자에 못된 놈이라는 둥 별의별 이야기를 다 했다. 이런 분위기에 익숙한 나는 친구들의 말 속에서 필요한 말만 잘 챙겨 들으며 나름대로 생각을 정리했다. 하지만 나는 위로를 받고 싶었다. 티격태격하는 두 친구 사이에서 난 나도 모르게 헤어진 남자 친구 편을 들고 있었다.

결국 홍주와 명자의 의견 차이로 모임은 좋지 않게 마무리되었다. 나 때문에 친구들의 감정이 상한 것 같아 미안했다. 하지만 착한 친구들은 내일 나를 위로하기 위해 전화를 할 것이다. 자기네 감정보다 나를 위로해야 할 시기라는 것을 알기 때문이다. 아마 일주일 정도는 매일 저녁밥을 같이 먹자고 할 것이다. 혼자 외롭게 청승 떨지 말라고 하면서….

나는 이 친구들과 앞으로 남은 인생을 함께할 생각이다. 개성과 성격이 강하고 생활습관이 특이하며 생각도 다르지만 그래도 이 친구들이 너무 좋다. 가족에 대한 이야기, 남자와의 문제, 사회생활에서의 갈등, 미래에 대한 불안감, 심심함, 공허함, 지루함 등을 모두 함께할 수 있기 때문이다. 어떤 상황에서도 만날 수 있고, 관계 유지를 위해 애쓰지 않아도 그대로의 나를 알아주며, 창피한 모습도 얼마든지 보여 줄 수 있는, 가족보다 더 끈끈하고 소중한 친구들이다.

우리는 나중에 늙으면 같은 요양원으로 가기로 했다. 괜찮은 할아버지는 먼저 찍는 사람이 임자라고, 방해하지 않기로 약속했다. 항상 그 자리에서 힘이 되고, 웃음이 되며, 용기를 주는 소중한 친구들과의 영화의 한 장면 같은 마지막 드라이브를 꿈꾼다. 오늘도 친구들을 위해 기도하며 안부 전화를 걸어 본다.

PART 4

꿈과 희망을 불어넣는 강연가

어성호

어성호 ♪

글쓰기 코치, 자기계발 작가, 강연가, 동기부여가, 의식성장 메신저

수차례의 논문현상공모, 전국영어웅변대회, 문학상 수상 경력이 있다. '꿈'과 '희망'을 불어넣는 동기부여가이자 의식성장 메신저로서 '가슴 뛰는 삶'을 전파하고 있다. 저서로는 《부모님에게 꼭 해드리고 싶은 39가지》가 있으며, 현재 그간의 경험을 토대로 인생 2막을 준비하며 '글쓰기'에 관한 개인저서를 집필 중이다.

E-mail uhsh@naver.com
C · P 010-9003-1957
Kakaotalk ID jumpstarter21

1년에
책 한 권씩 쓰기

나는 중소기업에 다니는 평범한 직장인이다. 그래도 하루하루가 즐겁다.

"새벽에 들어와서 피곤할 텐데 뭐가 그리 좋아 웃어요?"

"사랑하는 당신이 있고 저렇게 멋있는 아들이 둘이나 있는데 좋고 말고지."

나는 약간은 늦은 나이인 서른여섯 살에 결혼했다. 착한 아내는 내가 어떤 일을 하든 잘 따라 주고 볼멘소리도 하지 않는다. 내게 결혼생활은 외로웠던 지난 세월을 보상하고도 남을 만큼 행복한 시간이다.

예전에도 지금도 나는 아내에게 불만이 없다. 아내는 잔소리도 별로 없고, 마인드도 긍정적이며, 자신의 일을 사랑한다. 바깥일을 하면서 집안일도 척척 잘해낸다. 결정적으로 미워하려 해도 할 수 없는 이유 하나가 있다.

대부분의 남자들은 돈이 생기면 차를 바꾸려 한다. 그런데 나는 차에 별로 관심이 없다. 잘 모르기도 하지만 차는 그냥 이동수단일 뿐이다. 대신 월급을 받으면 책을 사고 음악 CD를 산다. 작은 집에 방방이 책으로 가득 차도 아내는 어떤 내색도 하지 않는다. 내가 책과 CD를 좋아하는 이유를 알기 때문이다.

말은 나면 제주도로 보내고 사람은 한양으로 보낸다 했다. 나도 서울에서 공부를 하고 싶었다. 가정 형편이 어려운 이유도 있었지만 결정적으로 나는 서울에 있는 대학교에 갈 실력이 못 되었다. 남들은 부러워할 수도 있는 대학교를 모교로 받아들이기까지는 한 달의 시간이 필요했다. 서울을 향한 마음은 그 후로도 사그라지지 않았다. 그래서 카투사로 입대해 자대 배치를 용산에 받았다. 주말이면 무작정 부대 밖으로 나가 서울 여기저기를 가 보았다. 서울과 지방은 무엇이 다른가? 2년간의 군 생활을 보내는 동안 느낀 것은 바로 '정보'를 받아들이는 속도가 다르다는 것이었다. 내가 입대하던 1988년은 인터넷이나 휴대전화가 없던 시대다. 그러니 더더욱 서울로 오고 싶었다.

'이 학교를 졸업하면 무엇을 할 것인가?'

멋있는 추억을 만들어 대학생활을 장식하고 싶었다. 그리고 공부를 더 하고 싶었다. 무조건 서울에서 말이다. 대학원을 가기 위한 돈을 마련해야 했다. 1학기에 500만 원이니 4학기면 2,000만 원 정도는 있어야 했다. 그런데 무엇으로 이 거금을 만든단 말인가.

바로 그때 눈에 들어온 것이 '전국 대학(원)생 논문 현상 공모'였다. 최우수상의 상금이 300만 원이었다. 일곱 번의 최우수상을 받으면 될 듯싶었다. 어떻게 논문을 쓰는지 물어볼 데는 아무 데도 없었다. 무작정 썼다. 처음에는 주석을 다는 것도 몰랐다. 전공 교수에게 물으면 될 텐데 혹시라도 "자넨 대학생이 그것도 모르나?"라며 면박을 줄 것 같아 혼자서 관련 논문들을 파헤쳤다.

도서관 직원들이 출근하기 전부터 문 앞에서 기다리다 입실해 직원들이 퇴근하며 문 닫으려 할 때 퇴실했다. 미안한 행동이지만 한 논문을 마칠 때까지 관련 자료들을 나만이 아는 장소에 몰아 놓았기 때문이다. 모아 놓은 자료를 누가 볼까 봐 점심도 굶을 때가 허다했다. 원고지 사랴, 복사하랴, A4용지 1장에 100원 주고 프린트하랴 점심 먹을 돈도 그리 넉넉지 않았다. 그러기를 2년 반. 나중에 계산해 보니 평균 2주에 3곳씩 응모했다. 잠자는 시간만 빼고 미친 듯이 써 댔다. 짬짬이 영어웅변대회에도 나갔고 시와 수필도 썼다.

대학원을 졸업하고 진로를 정해야 하는 순간이 왔다. 학교에서 전공한 것이 평생의 전공은 아니란 생각이 들었다. '잠을 자다 깨어도 즐겁게 미쳐 할 수 있는 일'을 찾다 보니 다큐멘터리 PD가 되고 싶었다. 내가 태어난 우리나라 산천의 아름다움을 기록으로 남기고 싶었다.

간절히 원했지만 노력이 부족했던지 그 소망은 끝내 이루어지지 않았다. 내 마음대로 안 되는 것도 있다는 것을 처음 깨닫게 되었다. 그때 이루지 못한 꿈에 대한 보상 심리인지 우리 집에는 TV 프로그램을 녹화한 비디오테이프들이 가득하다.

처음 대학교에 입학하면서 10년 안에 등단한다는 계획을 세웠다. 논문 현상 공모에 응하는 것은 잠시 외도하는 것이라 생각했다. 하지만 등단의 꿈은 쉽게 이루어지지 않았다. 포기하지 않는 꿈은 이루어진다고 말한다. 하지만 도저히 이룰 수 없는 꿈을 포기할 줄 아는 것도 현명한 처사라고 스스로를 위로했다.

돈을 벌고 가족이 생기고 나니 이 생활도 그렇게 나쁘지 않다고 믿게 되었다. 참으로 달콤하고 웃을 일이 많았다. 직장에서 스트레스를 받아도 '그럴 수 있지'라며 넘겼다. 한 생각 접고 나니 이렇게 홀가분한 것을 어리석게도 왜 인생을 어렵게만 살려고 했던가.

그러나 그것은 나만의 착각이었다. 인생을 너무 만만하게 보았다. 꿈을 너무 쉽게 확인받으려 했다. 살면서 문득문득 '이건 아닌데'라는 생각이 들면서도 '이대로도 괜찮아'라고 자꾸만 자신을 다독거렸다.

그러던 중 회사가 어려워지고 하루아침에 거지 가장이 되어 버렸다. 살아오면서 가꿔 놓은 모든 것이 한순간에 신기루처럼 사라지는 기분이었다. 아무리 발버둥 쳐 봐도 뜻대로 되지 않았다. '내가 이렇게 무능한 사람이었던가?'라고 생각하며 자괴감에 한없이 짓눌렸다. 남들은 집 평수 늘리고 좋은 외제차 탈 때 난 뭘 했더란 말인가. 지금에 와서 내 손에 쥔 것이 무엇이더란 말인가. 세상 부러울 것 없다고 생각만 했지, 정작 아이 학원도 못 보내게 되니 속이 터질 것만 같았다. 마흔아홉 살 나이에 어디 가서 목 놓아 울 수도 없었다.

방구석에 처박혀 맥없이 드러누워 있었다. 바로 그때 천장까지 빼곡하게 쌓인 나의 분신인 책들이 눈에 들어왔다. 그래, 책이 있었구나. 책으로 무엇인가를 할 수 있지 않을까. 나에게는 원래부터 꿈이 있지 않았나. 잠시 잊고 있었던 그 꿈이 다시금 내면에서 꿈틀꿈틀 끓어오르기 시작했다. 옛날 그 '미친 열정'을 다시금 되살릴 수 있다면 남은 인생을 제대로 살아갈 수 있지 않을까.

영화 〈월터의 상상은 현실이 된다〉에는 이런 장면이 나온다.

자신의 꿈을 접은 채 잡지사에서 포토 에디터로 일하는 주인공은 '상상'을 취미로 삼아 살아간다. 어느 날 폐간을 앞둔 잡지사에서 사진이 사라진다. 이 미스터리를 풀기 위해 주인공은 한 번도 시도하지 않았던 자신만의 모험을 떠나야 한다. 용기를 내지 못하고 있을 때 오라고 유혹하는 듯한 벽면의 사진 속 사진작가의 손짓을 느끼고 결국 모험을 시작하게 된다.

영화 속에서만 있을 것 같은 이야기가 거짓말처럼 실제 내게도 일어났다. 《마흔, 당신의 책을 써라》를 읽고 운명처럼 김태광 작가를 찾아갔다. 이 귀인은 첫눈에 내 안에 잠든 거인을 과감하게 건드렸다. 그리고 얼마 지나지 않아 나도 모르게 스스로 위대한 결심 하나를 하게 되었다.

나는 1년에 한 권씩 책을 쓸 것이다!

나는 나의 결심이 반드시 실현되리라 믿는다. 또한 내가 써낸 책들로 인해 나의 미래 또한 눈부시게 달라질 것이다.

유명 강사가 되어
모교에서 강의하기

이력서를 쓰거나 면접을 볼 때 빠지지 않는 질문이 있다. 바로 취미와 특기다. 나의 취미는 책 읽고 음악 듣고 영화 보는 것이다. 그냥 좋아서 즐기는 것이니 취미임에 틀림없다. 그리고 특기를 물을 때면 주저 없이 '주산 5단'이라고 말한다. 한 살 어린 동생과 함께 배운 지 2년 1개월 만에 4단을 땄다. 합격하고 나니 가르치던 선생님도 놀랐는지 선수반을 만들자고 했다. 초등학생임에도 거의 매일 밤 12시까지 맹훈련을 했다. 그래서 전국 대회에서 우승도 하고 결국 5단에 합격했다. 배울 때는 힘들었지만 모르는 것을 알아 가는 것이 재미있었다. 시간만 더 있다면 다른 것도 배우고 싶다는 생각이 늘 떠나지 않을 정도였다.

내가 좋아했던 것 중 하나는 웅변이다. 내가 초등학생이던 1970년대는 반공을 주제로 한 웅변이 대부분이었다. 전교생을 운동장에 모아 놓고 연사가 연단에서 외치는 모습은 당시 대부분의 초등학교가 비슷했다. 마지막에 "이 연사 강력하게 외칩니다!"라고 목청을 한껏 높이면 일제히 박수를 치는 형식이다.

뭔가 부자연스러웠다. 공감의 표시로 고함을 지르고 억지로 박수를 유도하는 듯한 모양새는 당시에도 보는 내내 불만이었다. 그렇지만 나는 여러 사람 앞에서 나의 의견을 말하고 싶다는 생각이 들었다. 웅변을 잘하는 친구들이 부러웠다. 아무리 하고 싶어도 당시로서는 도저히 배울 시간이 없었다. 주산 하나만 하기에도 시간이 빠듯했다.

그러다 중학교 2학년 때 기회가 왔다. 겁도 없이 교내 영어웅변대회에서 최우수상을 받고 말았다. 그랬더니 담당 선생님께서 전교생 1,000명 앞에서 발표를 하라는 것이었다. 너무 겁이 나서 못 하겠다고 했더니 연사가 그 정도 배짱은 있어야 한다며 거의 반강제로 발표하게 하셨다.

지금에 와서 돌이켜 보면 그때 그 한 번의 경험이 사는 내내 엄청난 힘이 되어 주었다. 우리말 웅변처럼 고함을 지르지 않아서 좋았고 자신의 생각을 차분하게 논리적으로 이야기하는 것이 마음에 들었다. 많은 사람들 앞에서 스피치를 하고 공감의 박수를 받는 그 짜릿한 경험은 연단에 선 사람만이 가질 수 있는 일종의 특권이었다.

그렇지만 뭇사람들 앞에 서는 것이 항상 즐거운 것만은 아니었다. 나름 진지하게 스피치를 하는데도 예상치 못한 대목에서 어이없게 웃음거리가 된 적도 있다. 그렇게 되면 순간 움찔하게 된다. 또한 자신 있게 외웠다고 생각한 원고를 순간 잊어버리는 경우도 있다. 숨거나 도망가 버리고 싶은 생각이 순간적으로 스쳐간다. 모두 아찔하고 안타까울 따름이다. 그럴 경우 모든 것을 그만두고 싶어진다. 모처럼 용기를 내서 연단에 섰는데 낭패를 보게되니 굳이 웅변할 필요성을 느끼지 못한다. 애써 이러지 않아도 될 일인데 왜 구태여 아득바득 하려고 기를 쓰는가. 좋아서 한다고는 하지만 누가 알아주지도 않는데.

"어 군. 자네 다음 연강 수업 때 이번에 쓴 논문 한번 발표해 보게."
"안 됩니다, 교수님. 제가 감히 어떻게 학우들한테 그러겠습니까?"

도서관에 박혀 두문불출 논문만 쓸 때였다. 웅모 논문이 하나씩 만들어질 때마다 전공 교수님께 1부씩 드렸다. 교수님 중에 유일하게 일본에서 공부하고 돌아오신 젊은 교수님 한 분이 계셨다. 수업에 대한 열정이 넘치신 분이었다. 따로 찾아가면 고민거리도 끝까지 경청해 주셨다. 말이 통한다 싶으니 많은 질문을 하고 싶었다.

그러던 어느 날, 교수님께서 부르시더니 책꽂이에서 파일첩 하나를 꺼내 보여 주셨다. 내가 지금까지 가져다드린 논문들을 모두 모아 두고 있다 하셨다. 그중에서 한 주제를 발표해 보라고 권유 하신 것이다. 내심 기쁜 일일 수도 있겠지만 쉽게 결정을 못 내리는 이유는 따로 있었다.

'금융시장 개혁, 개방'을 주제로 논문을 쓴 것으로 기억한다. 내용인즉, 향후 10년 안에 우리나라의 은행이 전부 망한다는 것이다. 그에 대한 대비를 철저히 하지 않으면 안 된다는 그런 내용이었다. 응모를 하고 난 뒤 어떻게 보셨는지 다른 전공 교수님이 심한 '충고'를 주셨다.

"예금 금리가 떨어집니다. 겸업화, 증권화가 이루어집니다. 이공계 행원도 뽑아야 합니다."

"대한민국의 금융은 관치 금융이야. 은행이 어떻게 망한단 말인가. 자네 무역학과 학생 맞아?"

공부를 좀 더 하라는 다른 전공 교수님의 따끔한 한마디에 괜스레 주눅 들어 있던 때였다. 그런데 그 내용으로 발표를 하라는 것이다. 근거도 없는 미친 소리 같은 억지 주장을 말이다. 그것도 100명 가까이 되는 학우들 앞에서. 결과적으로는 교수님 덕분에 열렬한 분위기 속에서 수업을 마칠 수 있었다. 질의응답 시간도 거뜬히 치렀다. 그 한 번으로 교수님은 내게 평생 잊을 수 없는 터닝 포인트를 만들어 주셨다. 나는 그때를 계기로 사람들 앞에서 발표하는 일이 더 이상 두렵지 않게 되었다.

졸업한 뒤에도 오랫동안 연락을 드렸다. 그러다 결혼을 하게 되고 회사 일이 바빠지면서 안부 여쭙는 것이 뜸하게 되었다. 잊지 않으면서도 살아간다는 핑계로 잊고 지낸 날들이었다. '예전과는 달라진 모습을 보여 드리겠다'라는 다짐만 하며 20년이란 세월을 훌쩍 흘려보냈다.

심승진 교수님. 주제 넘는 소리인 줄 알지만 감히 교수님의 수업시간에 다시 한 번 강의를 해 보고 싶다는 생각을 품는다. 후배들 앞에서 이런 사제 관계도 있다고 이야기해 주고 싶다. 아직 강단에 서시는지 궁금하다. 정년을 넘기셨으면 어쩌나 하는 마음도 생긴다. 그보다 건강하게 계시는지 안부 인사부터 드려야겠다.

많은 사람들 앞에서 강연을 하는 나의 모습을 상상해 본다. 원고를 쓰고 강연을 준비하는 과정은 언제나 설렘을 동반한다. 긴장이 떨어지면 강연이 제대로 되지 않는다는 것은 경험으로 안다. 지금까지는 연습이었다. 이제부터 제대로 강연을 해 보고 싶다.

회사생활을 하는 동안에도 해외 바이어들이 오면 대부분의 프레젠테이션을 맡아서 했다. 늘 비슷한 내용이 되풀이된다고 소홀히 해선 안 된다. 잠시라도 방심하는 순간 발표를 망치게 된다. 그러지 않으려면 철저히 준비해야 한다.

바빠서 도저히 짬을 내기 어려운 경우에는 잠시 화장실에 들어가는 것도 마다하지 않는다. 모든 것이 끝날 때까지 원고를 검토하고 예상 질문을 살피는 것은 발표자의 기본에 속한다. 이 모든 것을 일러 주신 분 또한 심승진 교수님이다.

예전에 교수님이 일본 유학시절의 경험을 들려주신 적이 있다. 준비한 자료들이 있어 발표는 완벽하게 마쳤는데 질의응답 시간에 답변을 못해 아무 말 없이 30분을 그냥 서 있었다고 하셨다. 그 아픈 경험을 내게 나눠 주셨고 나는 그 이야기를 지금까지도 생생하게 기억하고 있다. 잊지 않았기에 많은 실수를 줄일 수 있었다.

나는 앞으로 더 큰 세상으로 나아갈 것이다. 많은 것을 받으며 살아왔으니 이제부터는 나눠 주며 살고 싶다. 그것이 강의를 하고 싶은 가장 큰 이유다. 앞으로 사는 동안 그렇게 살고 싶다. 이 세상에 빚을 지고 살고 싶지는 않다. 작은 사랑 하나 남겨 놓고 싶다. '강의'를 하며 산다면 어느 정도 실천할 듯하다.

처음 하는 강연 장소가 모교였으면 하고 바란다. 교수님의 제자들에게 이렇게 말하고 싶다.

"교수님은 저에게 인생의 전환점을 만들어 주셨습니다. 이 자리를 빌려 그 가르침에 대해 감사한 말씀을 드리고 싶습니다."

어떤 내용으로 얼마나 재미있게 강의할까, 생각하는 그것만으로도 한껏 가슴이 벅차오른다.

꿈과 희망을 불어넣는
스피치 코치 되기

여러 사람 앞에 서서 자신의 의견을 발표한다는 것은 항상 긴장을 동반한다. 기대감으로 떨릴 수도 있고 용기가 없어 떨릴 수도 있다. 연단에 많이 서 본 사람들에게 물어보면 대부분 "그래도 떨린다."라고 말한다. 떨지 않고 무대에 설 수 있는 방법은 없을까?

뭐든 잘하려고 하면 떨게 된다. 머리로는 잘하려고 하지만 몸은 그만큼 더 굳어지게 된다. 어느 분야를 막론하고 진짜 잘하는 사람은 힘을 빼야 한다고 말한다. 그럴수록 초보는 잔뜩 힘을 주게 마련이다. 초보 운전자가 있는 힘껏 핸들을 움켜쥐고 운전하는 것과 똑같다.

그러나 긴장이 반드시 나쁜 것만은 아니다. 살짝 기분 좋은 긴장은 오히려 한곳에만 집중할 수 있는 힘을 주기도 한다. 나는 영어 스피치 대회에 참가하면서 또 직장생활을 하면서 이래저래 여러 사람 앞에서 말을 할 기회가 많았다. 지나고 보니 그런 경험들이 쌓여 소중한 스피치 자산이 되었다.

회사에 입사한 지 얼마 안 되어 생긴 일이다. 해외영업부에 발령이 나서 곧바로 카자흐스탄 알마티 경찰청 상황실 프로젝트에 투입되었다. 당시 LG 전자가 수주를 했고 많은 업체들이 오랫동안 현지에서 작업을 하고 공사를 마쳤다. 1차 아스타나 경찰청 프로젝트를 성공리에 완수했기 때문에 2차 알마티 프로젝트에 대해서도 모두들 엄청난 기대를 갖고 있었다.

대대적인 오프닝 세리머니를 앞둔 하루 전날이었다. LG 부사장이 그간의 노고를 치하하는 축하연을 베풀었다. 그 자리에는 협력사 사장들과 관련 임직원들 100여 명 이상이 모여 있었다. 파티에서 돌아가며 인사말을 건네는 방식이 러시아 스타일임을 그때 처음 알았다.

협력사 사장들의 인사가 끝나고 직원들에게도 순서가 왔다. 워낙 직원들의 숫자가 많은 데다 특히 우리 회사에는 나보다 빠른 입사자들이 여럿 있어서 내가 지목될 일은 없다 여기고 그야말로 아무 생각 없이 앉아 있었다.

"어 과장, 회사를 대표해서 감사 인사 해 봐!"

사장님이 느닷없이 무방비 상태에 있는 나를 지목했다. "네!"
라고 대답하고 일어서는 데는 1~2초도 안 걸렸다. 망설이며 생각
할 틈이 없었다.

"사랑하는 사람을 만났을 때 우리는 인연이라는 단어를 씁니
다. '인'이란 내게서 일어나는 것이고 '연'이란 밖에서 다가오는 것
입니다. 그래서 우리말에 연이 닿았다는 말은 있어도 인이 닿았다
란 말은 없습니다. 서울에서 이곳 카자흐스탄까지 시간과 공간을
달리해 우리는 모였습니다. LG의 연과 이곳에 앉은 모든 사람들
의 인이 닿았으니 이 인연 끊기지 않고 앞으로 다른 프로젝트에
서도 더욱 발전되어 나갔으면 좋겠습니다. 고맙습니다."

뭘 어떻게 말했는지도 모르겠다. 일어서는 순간에도 당시 LG의
CM송인 '사랑해요 엘지'만이 스쳤을 뿐이다. 그런데 엄청난 박수
가 쏟아졌다. LG 부사장도 마음에 들었는지 행사에 쓸 손목시계
를 선물로 주었다. 나로서는 그냥 즉석 스피치 한마디 했을 뿐이
었는데 말이다.

짧은 스피치 한마디가 분위기를 바꿀 수 있을뿐더러 때에 따
라 '감동'을 줄 수도 있다는 것을 그때 처음 깨달았다. 말이 가진
위대한 힘을 몸소 체험한 소중한 경험이었다.

그런 일이 있은 뒤로 사장님은 으레 크고 작은 모임에서 내게

건배사를 제안했다. 비록 짧은 스피치지만 임팩트 있게 준비하는 일이 어느덧 습관처럼 몸에 배게 되었다. 떨지 않고 당황하지 않으려면 평소 멘트를 염두에 두는 것이 최고다. 스피치에도 여러 원칙과 법칙이 있다. 그중에서도 가장 중요하게 생각하는 세 가지 기본자세를 견지하게 되었다. 그것을 'SAP'이라고 부른다. SAP은 Story(스토리), Attitude(자세), Passion(열정)의 약자다.

그 첫 번째는 '스토리'다. 끌리는 말에는 스토리가 있다. 스토리텔링이 되어야 사람을 설득하고 감동을 줄 수 있다. 나만의 고유한 경험이 스토리로 만들어지면 최고의 스피치가 될 수 있다는 것을 경험을 통해 알게 되었다.

앞의 일화가 좋은 사례다. 주관업체인 LG 전자와 협력사의 관계를 잊지 않는 발언을 하는 것이 제일 중요하다. 거기에 인연이라는 키워드를 접목시켰다. 그리고 향후 예상 프로젝트에서도 파트너십을 발휘하겠다는 무언의 다짐을 두었다. 기분 나쁘지 않은 아부성 발언으로 스토리를 엮었다. 그리고 "고맙습니다."라는 클로징 멘트로 마무리했다.

둘째는 '자세'다. 식상하지 않으면서도 시의적절한 스팟(짧은 멘트) 1~2개는 비상금처럼 꼭 챙기고 있어야 한다. 그런데 그렇게 준비를 못한 때가 한 번 있었다. 회사의 영업 상황이 힘들어지면서 재도약에 박차를 가하려 할 때였다. 분위기를 바꾸고자 갑자기 간부 회식이 잡혔다. 평소와 달리 모두들 침울해 어느 누구도 먼저 말을 못 꺼내고 있었다. 그때 건배사 제안을 받았다. 상황이 상황이니 만큼 아무 말이나 적절히 둘러댈 요량이었다. 자리에서 일어서는 순간 나도 모르게 소주병 하나를 잡았다. 그리고 임원들의 모든 시선을 내 검지에 모아 소주병 상표에 집중시켰다. 거기엔 이렇게 적혀 있었다.

'처 음 처 럼'

한순간에 분위기 대반전에 성공했다. 일체 아무런 말도 하지 않고 멋있는 스피치를 한번 해 보겠다는 생각을 평소에 늘 품고 있었다. 그것이 이날 나도 의식하지 못한 짧은 순간에 실현된 것이다. 이렇듯 늘 스피치 멘트를 생각하는 자세가 중요하다.

셋째는 '열정'이다. '지치면 지지만, 미치면 이길 수 있다'라는 말이 있다. 열정이 있는 사람은 쉽게 지치지 않는다. 누구나 열정을 가질 수는 있겠지만 원하는 목표를 이룰 때까지 끝까지 열정을 몰아가는 사람만이 공감을 불러일으킬 수 있다.

34회 헤럴드 웅변대회에서 있었던 일이다. 다른 대회에도 여러 번 참가해 봤으니 이번에는 충분히 원고를 외웠다는 자신감을 보여 주고 싶었다. 원고 없이 빈손으로 마이크 앞을 향해 걸어가자 여기저기서 웅성거리는 소리가 들렸다. 당당하게 원고 내용을 기억하며 스피치를 했다. 그런데 3분쯤 지났을 때 갑자기 원고 내용이 생각나지 않았다. 침묵의 20초 동안 온몸이 마비되는 듯했다.

"저 오빠 어째. 잘하고 있었는데."

관람하러 온 중·고등학교 여학생들이 나보다 더 애타 했다. 그 말을 귓등으로 들으며 차분하게 원고를 처음부터 외워 나갔다. 기억을 떠올리며 결국 끝까지 스피치를 마쳤다. 떨어진 줄 알고 그냥 시무룩하게 앉아 있었다. 결과는 2등이었다. 이를 통해 하나 알게 된 사실이 있다. 심사위원들은 나의 열정을 보고 채점했구나, 중간에 포기하지 않고 최선을 다하는 모습에 상을 주었구나 하는 사실이다.

처음부터 스피치를 잘하는 사람이 있겠는가. 연단에 서는 사람들은 부단한 연습을 통해 스스로를 강하게 만들었을 것이다. 오로지 스피치에 대해 관심과 노력을 집중시킨 결과 명강연가로 거듭났을 것이다.

긴장하지 않고 무대에 설 수 있는 특별한 노하우가 있다는 이야기는 들어 보지 못했다. 자신만의 비법이라는 것도 들여다보면

쉼 없이 원고를 만들고 가상 청중을 떠올리며 스스로를 단련시켜 나갔을 따름이다.

나는 그동안 축적해 온 경험을 살려 스피치 코치가 되고 싶다. 꿈이 없는 사람은 살아 있어도 죽은 것과 매한가지다. 살아 있다면 희망을 품을 수 있어야 한다. 그래야 용기가 생겨난다.

우리는 때때로 꿈과 희망을 놓치고 산다. 그런 사람들에게 꿈과 희망을 불어넣고 싶다. 꿈이 없어도 살아가는 데는 아무 지장이 없다. 희망이 없어도 얼마든지 사랑받을 수 있다. 그러나 꿈과 희망이 있으면 자신을 더욱 큰사람으로 만들 수 있다는 믿음을 갖게 해 주고 싶다.

'나는 안 돼'라고 생각하는 사람들에게 "할 수 있다, 될 수 있다!"라고 말해 주고 싶다. 스피치를 통해 자신을 용기 있는 사람으로 바꾸도록 노력해야 한다. 목소리만 바꾸어도 잃었던 꿈을 되찾을 수 있다. 당연히 지금보다 더 나은 미래를 맞이할 수 있다.

가족과
해외여행 가기

어른이 되고 보니 어린 시절이 참 행복했다는 생각이 든다. 가정 형편이 어려웠고 갖고 싶은 것을 마음껏 가지지는 못했지만 추억까지 가난하진 않다. 왜 그런가 생각해 보니 아버지가 틈나는 대로 여기저기 데려가 주어서 그런 것 같다. 그때는 그것이 여행인 줄도 몰랐다.

지금은 돌아가셨지만 아버지를 생각하면 어딘가로 함께 여행을 떠났던 기억이 제일 먼저 떠오른다. 매일 먹던 음식, 매일 하던 공부 같은 것은 기억에 없다. 그렇지만 해수욕장에 간 것, 어딘지는 몰라도 배를 탔던 일, 놀러 가서 먹었던 매운탕 등, 이런 추억들이 모여 세상을 살아가는 힘이 되었다고 말하고 싶다.

여행이 위대한 것은 시간이 지날수록 그 빛을 더해 간다는 점 때문이다. 걷고 땀을 흘리는 그 순간은 힘들 수도 있다. 왜 사서 고생하나 싶을 정도로 후회가 생길 수도 있다. 그러나 여행하는 당시에는 여행의 위대한 가치를 헤아리지 못한다. 특히 부모님과 같이 떠난 여행은 한 사람이 평생을 살아가는 데 있어 단순한 추억 이상의 희망을 갖게 만든다. 사랑의 힘은 여행에서 생긴다고 믿는다.

나에게는 해수욕장과 관련된 잊지 못할 추억이 있다. 어렸을 적 해수욕장에 두 번 가 봤다. 한 번은 대천 해수욕장이고 두 번째는 부산 해수욕장이었다. 그중 부산 해수욕장에서 나는 거의 죽다 살아났다. 지금까지 너무도 선명하게 머릿속에 떠오른다.

초등학교 4학년 여름방학이었다. 서해 쪽으로 가 봤으니 이번에는 남해였다. 철없는 어린 시절이었으니 얼마나 신났겠는가. 뻥 뚫린 바다를 보니 어린 마음에도 속이 후련했다. 옷을 벗자마자 곧바로 바다에 뛰어들고 싶었다. 그런데 왜 아버지는 우리 형제들 튜브만 사는지 좀처럼 이해가 되지 않았다.

동생들과 막 바다로 뛰어가려는 순간 아버지가 우리를 불러 세웠다. 그리고 몸 풀기를 시켰다. 어쨌거나 해야만 물에 들어갈 수 있을 듯해 무조건 하라는 대로 했다. 체조를 마치고 드디어 바다에 들어갔다. 수영은 못하지만 튜브를 끼고 파도 따라 멀리 멀리 나가 보고 싶었다. 그런데 쉽게 앞으로 나아가지 않았다. 손으로 열심히 파도를 저어도 제자리에 머무는 것 같았다. 그래서 뒤돌아보니 아버지가 우리의 튜브를 잡고 있었다. 튜브에서 빠져 나오고 싶었다. 이 정도야 별것 아니라 생각했다. 튜브에 얹힌 발 하나를 살짝 내리려고 몸을 트는 바로 그 순간이었다. 한 발이 아 닌 온몸이 주르륵 미끄러지고 말았다. 순식간이었다. '죽는구나' 생각했다. 불과 몇 초도 되지 않는 순간 짠물이 입으로 들어왔다. '이것이 바닷물이구나. 짠 바닷물을 먹으면 죽는데… 아, 나는 이 렇게 더 이상 가족들을 못 보게 되는구나'라고 생각하며 허우적 댔다. 나는 살기만 한다면 앞으로 아버지 말을 잘 따르겠다고 다 짐했다. 그때 누군가 나를 끌어 올렸다.

"바닷물 먹어 보니 맛이 어때?"

아버지였다. 아무도 날 살리지 못할 거라 여겼는데 아버지는 다 보고 있었나 보다. 눈물이 찔끔 나왔다. 아버지는 연신 괜찮다 며 등을 다독여 주셨다. 나는 울었지만 아버지는 웃으셨다. 나는 죽는 줄로만 알았는데 아버지는 걱정 마라며 힘을 주셨다. 그런 일이 있어서인지 나는 지금도 물을 보면 겁이 난다. 도랑에 흐르 는 물도 괜히 겁난다. TV에서 파도치는 장면만 나와도 채널을 돌 릴 정도다.

아버지는 지금 계시지 않는다. 진한 추억과 강한 용기를 남겨 주신 아버지는 지금 더 높은 곳에서 나를 보고 계신다. 그리고 그때의 아버지와 비슷한 나이에 나도 아버지가 되어 있다. 그렇다면 나도 아버지처럼 아이들을 해수욕장에 데려가 줘야 할 것 아닌가.

내 아이들은 두 살 터울로, 큰애가 올해 초등학교 5학년이다. 지금까지 남들 흔하게 가는 해수욕장에 못 데리고 간 것은 순전히 나 때문이다. 안 데리고 갔다는 말이 맞겠다. 겁이 나서 도저히 데리고 갈 자신이 없었다. 참으로 웃지 못할 슬픈 사연을 가진 아빠가 되어 버렸다.

"여보, 당신은 왜 해수욕장엔 안 가요? 딴 데는 다 잘 가면서."

아내가 해수욕장으로 가잔다. 특별히 여름휴가를 냈으니 무조건 해수욕장엘 가잔다. 장소도 동해 속초로 떡하니 정해 놓고서 말이다. 시도가 중요하다나. 풀지 못한 숙제처럼 언제까지 끌어안고 있을 거냔다. 남의 타는 속 걱정은 아예 하지도 않으면서. 이번에 가서 확 떨쳐 버리란다.

우여곡절 끝에 결국 동해로 떠났다. 아이들이 그렇게 좋아하는 모습을 처음 봤다. 덩달아 나도 조심스럽게 물에 들어가 보았다. 애들 놀기 좋게 모래를 두텁게 깔아 놓아 아무 걱정 없이 즐길 수 있었다. 걱정이 걱정을 키웠단 말이 딱이다. 이렇게 재미있게 놀 수 있는 것을 왜 여태 해수욕장을 찾지 않았을까. 한 번의 여행으로 오래 묵은 많은 것들을 비울 수 있었다. 아이들이 명랑하게 웃는 저 모습, 그리고 무엇보다 가족이 함께해서 즐거울 수 있다는 것을 새삼 깨닫게 되었다. 사실 결혼 후 여행지에서 잠을 자고 온 것은 이번이 처음이었다. 여행은 이래서 또 멀리 가 볼 만한 것이구나, 하는 생각도 들었다.

해수욕장에 다녀온 뒤로 우리는 약속을 하나 했다. 다음에는 무조건 해외여행을 가기로. 나라는 중국으로 정했다. 왜냐하면 두 형제가 중국어를 배우고 있기 때문이다. 엄마와 아빠는 중국어를 못하니 너희들이 열심히 공부해서 현지 통역을 해야 한다고 윽박질렀다. 아이들의 실력이 어느 정도 되었을 때 떠나기로 했다.

둘째 아이가 할머니와 제주도에 갔다 온 적이 있다. 비행기를 타 봤다는 자체가 큰애로서는 몹시 부러운가 보다. 동생은 어려서 기억에도 없다고 우기지만 형은 어쨌건 비행기를 타 보고 싶은가 보다. 언제든 당장이라도 갈 수 있다고 큰소리친다. 중국어는 문제도 안 된다고 우긴다. 정 안 되면 손짓 발짓으로 하면 다 된단다.

여행은 이래서 좋은 것이다. 이야깃거리가 생긴다. 살아가는 내내 이야기 샘이 마르지 않을 것이다. 해도 해도 할 때마다 각색을 달리하면서 추억의 색깔을 덧입힐 것이다. 짧은 여행도 좋지만 긴 여행이라면 훨씬 더 많은 볼거리 먹을거리 놀거리를 즐길 수 있을 것이다.

아내는 신혼여행 때 처음 여권을 만들었다. 그 여권은 유효기간이 만료된 지 이미 오래다. 이참에 우리 가족들 모두 새로 여권을 만들어야겠다. 가족이라는 울타리를 더 단단하게 만들어 줄 해외여행을 가고자 한다.

꿈은 생각으로만 머물면 추억거리도 되지 못한다. 신발을 신고 떠날 때만 꿈은 현실이 된다. 가까운 시간 내에 '우리 가족끼리 첫 해외여행 하기'를 실천하려 한다. 생각하는 것만으로도 우리 가족들 몸은 이미 비행기를 타고 있다. 떠나는 날까지 잠을 좀 설칠지도 모를 일이다.

세상을 바꾸는
베스트셀러 작가 되기

　　대학원을 졸업하고 연구조교로 1년 정도 일한 적이 있다. 어느 날 조세희 작가가 강연을 한다는 현수막이 나붙었다. 조세희가 누구인가. 1980년대에 대학교를 다닌 사람 중 안 읽은 사람이 없다는 《난장이가 쏘아 올린 작은 공》을 쓴 작가 아닌가. 강연이 끝나고 질의응답 시간이 되자 제일 먼저 손을 들었다.

　　"'계란으로 바위 치기'라는 말이 있습니다. 계란을 아무리 던져도 바위는 깨지지 않습니다. 그런 줄 뻔히 알면서도 세상에는 계란을 던지는 사람이 있다는 데 문제가 있습니다. 그런데 더 큰 문제는 깨질 것 같지 않던 바위가 알게 모르게 틈이 생기기도 한다는 것입니다. 현시대를 살아가는 지성인은 어떻게 살아야 맞습니까?"

당시에 꽤나 심각했던가 보다. 이 질문을 기다렸다는 듯이 한 것을 보면 말이다.

"비가 1년 내내 오는 것도 아닙니다. 여름 한철 내린 비가 해를 거듭하다 보면 희한한 일이 일어납니다. 처마에서 떨어지는 낙숫물이 어느새 콘크리트 바닥에 구멍을 냅니다. 한 사람의 위대한 힘이 결국 세상을 바꿉니다."

누구나 한번 피 마르게 아파서 소리를 지를 때가 있다. 그 진실한 절규를 모은 게 역사라고 한다. 그가 한 대답 중 '한 사람의 위대한 힘'이라는 말이 그 후로도 꽤 오랫동안 내 머릿속을 지배하고 있었다.

한 사람이 어떻게 세상을 바꾼단 말인가. 잠시 강둑이 터져 개천 물길 몇 개를 바꿀 수는 있지만 도도한 장강의 물길을 무슨 수로 거꾸로 흐르게 한단 말인가. 그래서 그 말을 믿지 않았다. 아니, 잊어버리려 애썼다.

별명이 배추인 사람이 있었다. 그의 이름은 방동규. 어느 날 그에게 친구가 누군가를 소개해 주겠다고 했다. 두 사람이 만나 좋은 벗이 되라는 뜻으로 주선을 했다고 한다.

"네가 배추가? 듣자 하니 니 주먹 좀 쓴다며? 그라믄 한 주먹으로 몇 명쯤 때려눕히겠나?"

시라소니 이후 천하제일 주먹이라 불린 방동규가 느닷없는 공격에 주먹 한 번 못 휘두를 판이었다.

"한 대여섯 명쯤은 너끈히…!"

그때 갑자기 그 사람의 주먹 한 방이 면상으로 날아왔다 한다.

"남자가 함부로 주먹을 쥐는 것도 아니지만 한 번 주먹을 쥐었다 하면 삼천만 백성이 벌벌 떨 정도는 돼야지."

방동규는 졸지에 힘 한 번 제대로 못 써 보고 한 방에 그 자리에서 패배를 시인했다 한다. 그를 그렇게 만든 사람은 바로 백기완이었다.

살면서 어느 때부터인가 '위대한 한 사람의 힘'을 믿기 시작했다. 그런 일은 부처나 예수 정도 되어야만 가능하다고 치부했는데 그렇지 않다는 것을 알게 되었다. 어느 분야든 그 방면에 천착해 집요하게 한곳을 뚫어 내면 달인이 되고 명장의 반열에 오를 수도 있음을 알게 되었다.

누구나 부러워하는 사람이 있을 수 있다. 자신이 이루지 못했거나 되고 싶은 무엇이 있다면 그것을 꿈꾸게 된다. 그 꿈을 앞서 이룬 사람이 있다면 은연중에 닮고 싶어 한다. 세상을 조금 살아본 지금의 나이가 되고 보니 굳이 부러운 사람이 있다면 '글로 세상을 바꾸려'는 사람들이다. 쉽지 않음을 알면서도 굳이 그 길을 가려 한다. 더 많은 사람들의 의식을 깨우치고 그런 사람들을 모아 우리가 사는 세상을 바꾸려는 사람. 그 사람은 글이 가진 엄청난 힘을 믿는 사람이다.

그런 사람으로 노무현 전 대통령을 꼽을 수 있다. '이지원' 시스템을 만들고 참모들과 함께 토론을 벌이면서 노년에 정치 철학을 집대성하고자 했다. 하지만 불행하게도 제대로 시작도 해 보기 전에 그는 이 세상을 떠나고 말았다. 그와 뜻을 같이했던 많은 사람들이 조금씩 그분의 뜻을 세상에 드러내고 있지만 말이다.

글을 쓴다는 것이 때로는 무섭다는 생각이 들 때도 있다. 당연한 이야기겠지만, 머리로 생각하는 것을 종이에 쓰면 글이 된다. 그리고 그 글을 읽으면서 사람들은 상상한다. 그러면 글을 쓴 사람이 품었던 생각과 뜻을 조금씩 느낄 수 있다.

'이 글을 써서 무엇을 하고자 했던가?'

'어떤 심리 상태에서 이 글을 썼으며 누구를 위해 쓰고자 했을까?'

막연하지만 이런 추측을 하며 글을 읽노라면 글쓴이의 뜻을 잠시나마 헤아릴 수 있다. 글은 공명이요, 울림이요, 떨림이다. 글을 읽으면서 울기도 하고 웃기도 하고 때로는 무릎을 치기도 한다. 글쓴이의 생각에 맞닿았다는 소리 아니겠는가. 그래서 글을 읽는다는 것은 시간과 공간을 뛰어넘어 글쓴이의 본뜻을 헤아리는 여행이 되기도 한다.

나는 글을 읽는 쪽보다는 이왕이면 쓰는 쪽으로 더욱 마음이 기운다. 글을 쓰면서 나를 바꾸고 타인에게 선한 영향을 미칠 수도 있음을 안다. 그러니 해 볼 만하다는 것이다. 감히 베스트셀러 운운하는 것은 거만함이 지나쳐 나온 생각이다. 다만 이왕이면 많이 알려져서 널리 많은 사람들과 좋은 뜻을 같이 느끼자는 희망사항일 따름이다.

조선 후기를 살다 간 풍석원 서유구라는 어른이 있다. 세도 정치 직후 작은아버지가 유배되자 그는 전원에 은거하면서 책을 쓰기 시작했다. 당시 사대부들은 쟁기를 잡으려 하지 않을뿐더러 손가락 하나 까딱 않고 음식만 축내고 있다고 할 정도로 지탄의 대상이었다. 모두들 비판만 하고 있을 때 그는 《임원경제지》라는 엄청난 책을 저술했다.

참고 서적만 900여 권에 글자 수가 250만여 자에 달한다. 이 책은 조선시대에 출간된 서적 중 최대 분량의 단일 서적이다. 당시 동아시아에 전해 오던 다양한 지식을 총망라한 백과사전이다. 36년 동안 쓰고 고치는 수고를 하여 마침내 책을 완성했다. 그러나 그는 많은 안타까움을 표했다.

"이 책을 지키고 관리하는 것을 부탁할 사람이 없구나. 어쩌다 펼쳐 보면 슬픔 때문에 알지 못하는 사이에 하염없이 눈물이 흐른다."

완성 후 170여 년간 이 책은 출간되지 못한 채 필사본으로 남아 있다가 10년 이상의 번역 작업을 거쳐 조만간 세상 사람들과 만날 날을 기다리고 있다.

이런 이야기를 듣노라면 언감생심 그런 분들의 그림자도 좇을 수 없음을 안다. 그런데 꼭 따라 해야만 다는 아니라고 본다. 자신한테 주어진 임무를 충실히 따르면 그것도 훌륭한 일이다. 아픈 것을 보고 아프다고 말만 해서는 아픔을 느끼지 못한다. 그 아픔을 낫게 하기 위해 시도하고 노력하다 보면 처방전을 구할 수 있지 않을까. 뜻이 올곧고 가는 길이 분명하다면 언젠가는 세상이 그 뜻을 들으려 하지 않겠는가 말이다.

모두들 아프다고만 한다. 온몸이 다 아프고 머리도 제정신인지 잘 모른다 한다. 이럴 때 누군가 중심을 바로잡고 앞길을 제시해 줘야 한다. 시작이야 힘들지 모를 일이겠으나 그런 모험도 해 보지 않는 것보다는 훌륭하다.

어리석은 늙은이가 산을 옮긴다고 했다. 다들 바보 같고 어리석다고 놀리지만 결국 끝판에 산을 옮긴 이는 입방아를 찧은 사람들이 아니라 우직하게 한 삽 한 삽 자갈을 퍼 나른 늙은이다.

쉽사리 서유구 어른을 흉내 낼 생각은 추호도 없다. 아니면 무모하리만치 감히 산을 옮기겠다는 어리석음을 드러내지도 않으리라. 다만 글을 쓰겠다는 생각을 품은 지금 아니면 언제 이 계획을 실행에 옮기겠는가. 말이 났을 때 해 보려 한다. 내가 쓴 글을 읽고 많은 사람들이 행복해한다면 충분히 '글을 쓸 만하다'고 믿는다.

PART 5

나눔의
삶을
실천하는
성공학 메신저

이준희

이준희

동기부여가, 강연가, 성공학 메신저, 자기계발 작가

24년 차 직장인으로, 자신만의 꿈을 찾아 특별한 삶을 살아가도록 도움을 주는 사람이 되는 것을 모토로 삼고 있다. 책 쓰기를 통해 꿈맥을 찾고 이루고자 하는 가치 있는 삶을 살고 있다. 강연활동과 꿈맥 친구들과의 교류를 통해 꿈을 가꾸는 삶을 지향한다. 현재 직장인을 위한 자기계발에 관한 개인저서를 집필 중이다.

E-mail Ljunhee1@naver.com

사내 성공학 강사로
제2의 인생 설계하기

현대사회는 너무나 빠르게 변화하고 있다. 자고 나면 새로운 기술이 넘쳐 난다. 우리는 이러한 사회에 적응하며 전진해야 한다. 많은 사람들이 대학을 졸업하고 어렵게 취직하고도 막연한 불안감에 싸여 있다. 20대에 입사해 10~15년 정도면 차장이나 부장이 된다. 이때부터 자리에 대한 위협을 느낀다. 요즘은 구조조정이 상시 이루어지고 있기 때문에 40~50대는 자의 반 타의 반으로 은퇴를 선택한다. 회사의 직급 구조는 피라미드 모양이라 올라갈수록 총성 없는 전쟁터다. 나도 벌써 40대 중반으로, 회사에서는 팀장 직함을 달고 있다. 나 또한 언제 어떻게 될지 알 수 없다.

올해 초 알고 지내는 두 부장님에게 각각 좋은 일과 나쁜 일이 있었다. 입사동기인 두 분 중 한 분은 이사로 진급하셨고, 한 분은 누락되었다. 진급하신 분은 기쁘다는 표현도 못하고 어색해

하셨고 누락되신 부장님은 애써 표정 관리를 해야만 했다. 몇 달 뒤 상시 구조조정이 진행되었고 진급에서 누락된 부장님은 자의 반 타의 반으로 은퇴하게 되었다. 은퇴 준비 없이 갑작스러운 상황에 맞닥뜨리면 누구나 당황할 수밖에 없다. 여러 번 같이 대화를 해 봤지만 딱히 좋은 방법이 없었다. 나 또한 은퇴에 대한 생각을 구체적으로 해 본 적이 없었기 때문이다.

한 달 뒤 신설 해외법인에 계시는 절친한 부장님의 은퇴(사직) 이야기가 들려왔다. 신설법인이 만들어지던 당시 여러 해외법인 경험이 많은 고참 부장님이 발탁되어 선발대로 투입되었었다. 하지만 본사와 법인 간의 소통 문제로 업무는 더욱더 힘들어졌다. 급기야는 부장님이 모든 책임을 지고 스스로 사표를 제출하셨다.

회사에서 일을 열심히 하고 잘한다고 해서 모든 것이 통용되지는 않는다. 사회는 정글과 같다. 경쟁이 치열한 만큼 수명이 다하면 버려진다. 은퇴와 함께 새로운 직업을 찾아야 하지만 준비가 되지 않은 상태에서 새로운 직업을 찾기란 하늘의 별 따기와 같다. 급한 마음에 퇴직금으로 창업을 해 보지만 대부분은 실패를 맛보게 된다. 내 주변에도 이런 실패를 경험한 선배들이 많다. 아내에게 이러한 이야기를 하면서 우리는 어떻게 해야 할지에 대해 고민했다.

올해 초부터 아내는 〈한책협〉에서 진행하는 〈1일 특강〉과 〈책쓰기 과정〉을 듣고 나에게 많은 이야기를 해 주었다. 그래서 5월에는 가족 전부가 〈1일 특강〉을 들었다. 왕복 10시간이나 운전해서 다녀왔지만 피곤하지 않았다. 막연한 불안감을 해소할 답을 찾았기 때문이다. 〈한책협〉의 김태광 코치와 양지숙 코치, 임원화 코치의 강의를 들으며 나도 책을 쓰고 강의를 해야겠다는 생각을 하게 되었다. 물꼬가 트인 느낌이었다.

예전에 막연히 내 이야기를 책으로 쓰면 좋겠다는 생각은 했지만 구체적으로 어떻게 해야 할지 갈피를 잡지 못하고 포기했었다. 그렇지만 지금은 대한민국 최고의 책 쓰기 명장인 김태광 코치의 도움으로 공저에 참여해 책도 두 권이나 출간했고 개인저서도 출간할 계획이다. 나는 여유롭고 풍요로운 인생 2막을 위해 지금부터 준비할 것이다. 내 이름으로 된 저서를 펴내고 세상에 나를 알릴 것이다. 나를 퍼스널 브랜딩해 나갈 것이고 저서를 발판 삼아 내 이야기를 필요로 하는 사람들에게 강의할 계획이다.

회사에서 차장/부장은 팀장 역할을 한다. 가끔은 과장이 팀장이 되는 경우도 있다. 나도 운이 좋아서인지 과장 말호봉에 팀장이 되었고, 차장으로 진급했다. 팀장의 위치는 팀원들과 협력하고 임원 및 대표이사와 소통해야 하는 자리다. 상하 직급의 연결고리인 것이다. 그래서인지 회사생활이나 주변에서 경험한 일들을 후배들에게 전달해 주고 싶다는 생각이 들었다.

내가 다니는 회사에는 사내강사제도가 있다. 나는 2017년 사내강사로 나아가기 위해 다음과 같이 준비할 것이다.

- 사내강사 활동
- 자기계발, 동기부여에 대한 개인저서 출간
- 나만의 전문지식과 경험 정리

2017년부터 사내강사 교육을 전문적으로 받고 활동할 계획이다. 은퇴 후를 준비할 수 있고 강사로서의 경험을 충분히 연습할 수 있기 때문이다. 이미 사내강사 양성과정을 예약해 두었다.

강사의 핵심은 '좋은 강의를 준비하는 것' 그리고 '나를 알리는 것'이라고 김태광 코치는 말했다. 강사에게 책을 읽는 것은 기본 중의 기본이고 지식이 없는 강사, 노력하지 않는 강사는 강사로서 적합하지 않다.

저서가 없는 강사는 자신을 알리기 힘들다. 그래서 나는 꾸준한 독서와 책 쓰기를 통해 나만의 콘텐츠를 만들어 나갈 것이다. 먼저 회사에 최선을 다할 것이며, 전문적인 지식과 경험을 정리해 나갈 것이다.

프레젠테이션을 잘하는 것은 강사의 기본이다. 컴퓨터를 활용해 적극적으로 강의 PPT를 만들어 준비할 것이다. 이 모든 것은 성공자의 마인드를 갖고 '책을 써야 성공한다'라고 말해 준 대한민국 최고의 책 쓰기 명장 김태광 코치의 확실한 코칭이 있었기에 가능한 일이다.

"내 이름으로 된 책을 쓴 뒤 인생이 달라졌다. 책을 읽는 위치에서 책을 쓰는 위치로, 사인받는 위치에서 사인해 주는 위치로, 강연을 듣는 위치에서 강연을 하는 위치로, 사진을 찍는 위치에서 사진을 찍히는 위치로 신분 이동했다."

김태광 코치가 〈한책협〉 특강에서 매번 하는 말이다. 나는 책을 써서 작가, 코치, 강연가로 인생 2막을 살아갈 것이다. 저서를 통해 취업을 준비하는 사람들과 회사원들에게 20년 이상 경험한 직장생활의 생존법과 깨달음을 나누어 주는 최고의 성공학 강연가가 될 것이다. 나를 찾아오는 모든 사람들이 성공 마인드를 갖추고 부를 폭발적으로 늘릴 수 있도록 도울 것이다.

지칠 줄 모르는 열정과 도전정신으로 다가올 나의 미래를 위해 철저히 준비하고 노력할 것이다. 이젠 나 혼자만의 삶이 아닌, 나누며 베푸는 삶을 만들어 갈 것이다. 또한 많은 사람들에게 선한 영향력을 끼치는 행복한 삶을 살 것이다. 사내 성공학 강사를 시작으로 한국 및 세계를 무대로 강연하며 나를 알릴 것이다. 그리고 이를 통해 제2의 인생을 설계할 것이다.

'하와이 성공학 아카데미'
설립하기

나는 2002년 결혼할 당시 경제적 여건이 좋지 않아 남들 다 간다는 해외로 신혼여행을 가지 못했다. 신혼 첫날 부산 서면에 위치한 롯데호텔에서 하룻밤을 보내고 새벽 일찍 무주로 가는 버스를 탔다. 무주에서 스키를 타며 즐거운 신혼여행을 보냈지만 마음 한편에는 해외여행을 못간 아쉬움이 남았다. 아쉬움을 달래려 형편이 풀리면 꼭 해외여행을 가자고 아내에게 약속했고, 그렇게 8년이 지났다.

첫째 아들인 지훈이가 일곱 살이 되던 2010년에 승무원들이 선정한 가고 싶은 도시 1위 하와이 오하우로 여행을 떠나게 되었다. 아내와의 약속을 꼭 지키고 싶었기에 회사에 휴가를 내고 어렵게 여행을 갔다. 부산에서 인천으로 이동해 국제선 항공편으로 하와이로 출발하던 날 우리 가족은 더없이 행복함을 느꼈다. 처음 비행기를 타는 지훈이가 잘 적응할지 많이 걱정했지만 아빠보다 더 잘 적응하는 모습이 대견했다.

오하우 호놀룰루 국제공항에 도착하기 전 하늘에서 본 섬들과 파란 바다는 한 폭의 그림과도 같았다. 하와이 해변에서는 서핑을 하는 사람들과 멋진 야자수 나무 그리고 해수욕을 즐기는 많은 관광객들을 볼 수 있었다. 하와이어로 '솟구치는 물'이라는 뜻의 와이키키 해변의 풍경을 통해 하와이 자연을 만끽할 수 있었다. 자연 상태 그대로 보존해 더욱더 자연과 한 몸이 될 수 있는 곳, 몸과 마음의 휴양지라는 느낌을 받았다. 나는 이렇게 멋진 곳에 해변이 보이는 건물을 갖고 싶다는 생각을 했다.

4박 6일의 첫 가족 해외여행을 하며 하와이에서 멋진 추억을 만들고 새로운 문화를 경험하게 되어 기뻤다. 또한 아내와의 약속도 지킬 수 있어 행복했다. 우리 가족에게 하와이는 가족 해외여행을 이루게 해 준 꿈의 도시다. 이 여행을 계기로 매년 가족끼리 해외여행을 하기로 했지만 경제적 여건과 둘째의 출산으로 계획은 잠시 보류되었다.

1903년 1월, 한인들이 하와이 사탕수수 농장의 계약노동자로 첫 이민을 가면서 한국인들의 미국 이민 역사가 시작되었다. 이런 역사적 배경으로 인해 하와이에는 한국인들이 많이 거주하고 있다. 힘든 시기를 보낸 1~2세대 한인들의 삶과 애환이 살아 넘치는 도시다. 지금은 3세대 교민들이 한인타운을 형성해 자리를 잡고 있다고 한다.

하와이에는 많은 성공한 부자들이 살고 있다. 해변이 보이는 비치 주변에 모여 살면서 자연과 더불어 생활하는 여유를 즐기고 있는 것이다. 자신이 노력해서 이룬 경제적 여력을 바탕으로 원하는 시간에 원하는 장소에서 마음 놓고 즐기며 일한다. 머지않아 공간과 언어의 장벽이 무너지게 되면, 전 세계의 다양한 사람들에게 성공에 대한 나의 생각과 경험을 전달할 수 있게 될 것이다.

현재 한국과 하와이는 비행기로 8시간 정도 걸리는 먼 거리에 있다. 그리고 시차도 있어 여행 시 이동에만 많은 시간을 투자해야 한다. 하지만 이런 거리상의 문제는 조만간 해결될 것으로 보인다. 인류의 끊임없는 도전으로 초음속 비행기가 등장했기 때문이다. 초음속 비행기는 속도의 혁명인 동시에 지구촌 생활 패턴을 바꾸는 새로운 운송시스템으로 발전할 것이다. 미국 항공우주국 나사에서는 2020년을 목표로 서울에서 뉴욕까지 3시간 만에 갈 수 있는 초음속 여객기를 개발 중이라고 한다. 현재 13시간이 걸리는 거리를 3시간으로 단축할 수 있다고 하니, 공간적인 제약이 줄어드는 것이다. 2025년이 되면 초고속 비행기가 상용화될 것이고 하와이는 지금의 제주도처럼 아주 가까운 곳이 될 것이다.

언어의 장벽 또한 무너질 것이다. 구글, 네이버 번역기와 지니톡 같은 번역 어플들이 이미 활용되어 점진적으로 도움을 주고 있다. 한컴인터프리 지니톡은 2018년 평창 동계 올림픽 자동 통·번역 공식 소프트웨어로서 통·번역 대중화를 이끌어 가고 있다. 10년 후에는 일상 회화의 통·번역이 가능할 정도로 상용화되어 우리 삶에 도움을 줄 것이다.

자신과의 점심 식사를 경매에 붙이는 워런 버핏에 대해서 들어 본 적이 있는가? 버핏은 투자의 귀재라고 불리며 20세기를 대표하는 미국의 사업가이자 투자가다. 버핏과의 점심 식사를 위해 많은 부자들이 경매에 참여한다. 가장 저렴한 점심 식사 비용은 11억 원이었고 가장 높은 금액은 39억 원이었다. 식사 비용은 모두 사회적 약자를 돕는 자선단체에 기부된다고 한다.

일반인들은 상상도 할 수 없고 평생 모을 수도 없는 금액이다. 그런데 왜 사람들은 그 큰돈을 들여 버핏과 식사를 하려고 할까? 그 짧은 시간에 어떤 물질적 도움을 받을 수는 없을 것이다. 그렇지만 그와 식사를 하면서 그의 경험과 지식을 들을 수 있다. 게다가 기부에도 함께 동참할 수 있다. 그리고 그와 점심 식사를 함께 한다는 것만으로도 엄청난 홍보 효과를 누리며 이를 통해 추가적인 부를 축적할 수도 있다. 그 가치는 실로 엄청나다.

내가 하와이 와이키키 해변이 보이는 곳에 '성공학 아카데미'

를 만들고자 하는 것도 많은 사람들에게 높은 가치를 부여해 주고 싶어서다. 하와이는 모든 사람들이 가고 싶어 하는 곳이자 시간과 비용을 지불하지 않고는 갈 수 없는 곳이기에 부의 상징 중 하나로 받아들여진다. 나의 성공학 강의를 듣기 위해 하와이행 비행기를 타는 것만으로도 이미 성공했다는 생각이 들 것이다. 그래서 나는 성공한 삶의 터전인 하와이에서 성공학 메신저로서 나를 필요로 하는 사람들에게 도움을 줄 것이다. 가까운 미래에 내 꿈이 반드시 이루어질 것이라 믿으며 아래와 같이 2025년 미래일기를 적어 보았다.

"깔끔한 정장 스타일에 핸섬한 얼굴, 누가 봐도 선뜻 호감이 가는 인상의 소유자인 나는 오늘 기대와 설렘으로 몹시 흥분되었다. 하와이 와이키키 해변이 보이는 빌딩의 넓은 강당에 500여 명의 사람들이 모였다. 연단에는 눈부신 조명과 함께 많은 기자들이 모여들었고 카메라 플래시가 여기저기서 터졌다. 오늘 이 자리는 나와 아내가 설립한 '이준희 김미정 꿈 부부 성공학 아카데미'의 창립 기념행사 자리다. 각계각층의 수많은 사람들이 우리 부부의 성공학 강의를 듣기 위해 이 자리에 모였다. 우리 부부는 한국에서 자기계발 베스트셀러 작가, 성공학 메신저로서 10여 년 동안 강의를 하며 꾸준히 노력해 100억 원대 자산가로 성장했다. 누구나 가 보고 싶어 하는 하와이에 '성공학 아카데미'를 만들게 되었다는 소개를 시작으로 나는 청중 앞으로 당당하게 나아갔다. 나를 기다려 준 많은 분들을 위해 2시간 남짓한 강연을 마치고 저서 《이준희 성공학》에 사인을 해 주면서 인사를 나누고 기념촬영을 했다. 오늘 이곳에는 나를 작가, 성공학 메신저로 이끌어 준 〈한책협〉의 김태광 코치와 권동희 회장 부부 외 많은 꿈 친구들이 참석해 자리를 빛내 주었다. 그동안 아내와 함께 노력해 온 지난 세월이 떠오르며 가슴이 벅차오르는 것을 느꼈다. 앞으로도 간절히 원하고 바라는 것을 이루기 위해 멈추지 않고 달려 나갈 것이다. 눈부신 미래가 나를 기다리고 있다!"

아버지로서의 역할
충실히 하기

　나는 아버지의 빈자리를 많이 느끼며 자랐다. 여섯 살에 아버지를 교통사고로 보내고 어머니와 형님 그리고 나는 무척 힘든 시간을 보냈다. 생활력이 강하지 않았던 어머니는 홀로되신 충격으로 몸과 마음이 많이 약해지셨다. 학창시절 친구들의 아버지를 뵐 때면 '나도 아버지가 계셨더라면 얼마나 좋을까?'라는 생각이 들면서 마음 한구석에 부러움과 허전함이 밀려오곤 했다. 중학교 시절에는 아버지가 너무 뵙고 싶어 혼자 먼 곳에 있는 산소에 찾아가 마음껏 울고 오기도 했다.

　어느덧 시간이 흘러 사랑하는 아내를 만나 결혼을 하게 되었고 지금은 일곱 살 터울의 두 아들의 아버지가 되었다. 내가 받을 수 없었던 아버지의 사랑을 아들들에게는 여한 없이 베풀고 싶다. 그러나 삶에 쫓기다 보니 아버지의 역할에 대해 제대로 생각해 볼 시간을 가지지 못했다. 지금부터라도 현명한 아버지의 모습을 아이들에게 보여 주어 아이들이 나를 통해 아버지의 역할을 알아 가기를 바란다.

내가 아이들에게 남겨 주고 싶은 아버지의 모습은 큰 소나무 같은 아버지다. 벌써 40대 중반이지만 생각만큼은 언제나 푸르른 소나무처럼 생동감 있는 아버지이고 싶다. 직장생활에 찌들어 있는 모습을 보여 주기보다 자기계발에 열중하는 멋진 아버지로 기억되기 위해 열심히 노력 중이다. 그래서 아버지의 역할을 충실히 하기 위한 나의 보물지도를 아래와 같이 만들어 보았다.

첫째, 어렵고 힘든 일이 닥쳤을 때 상의할 수 있는 든든한 아버지가 되어 줄 것이다.

큰아들은 곧 사춘기가 올 나이다. 학업과 친구관계에 대한 고민이 많아질 것이다. 공부는 지금도 잘하고 있고 좀 더 노력한다면 좋은 결실을 거둘 수 있을 거라고 격려의 말을 해 줄 것이다. 그리고 아이들과 대화를 자주 할 것이다. 가끔 집에 놀러 오는 아이들 친구들의 이름을 잘 기억해 두고, 친구관계에 대해 고민이 있다면 잘 들어 줄 것이다. 아이들이 나를 친구처럼 스스럼없이 대할 수 있도록 노력하겠다.

나는 아버지를 일찍 여의었기 때문에 아버지의 역할을 느낄 만한 기억이 별로 없다. 힘들고 고통스러울 때마다 '내 곁에 아버지가 계셨다면…'이라고 생각했을 뿐이다. 결혼을 하고 두 아들을 낳아서 길러 보니 아들에게는 엄마 못지않게 아버지의 역할이 중요하다는 생각이 든다. 그래서 큰 나무와 같은 아버지의 역할을 충실히 하고 싶다. 내가 받지 못한 아버지의 사랑을 자식들에게는 주고 싶다. 그리고 끊임없이 노력하는 성실한 아버지의 모습을 자식들에게 남겨 주고 싶다.

둘째, 홀로서기 전까지 잠시나마 강한 햇볕을 피할 수 있는 그늘이 되어 줄 것이다.

나는 어릴 때 기울어진 집안 형편 때문에 취업을 위해 공업고등학교에 진학했다. 그러나 아이들에게는 아무런 걱정 없이 하고 싶은 공부를 할 수 있도록 최대한 지원할 것이다. 마이너스통장으로 시작한 결혼생활이었지만 지금은 번듯한 집에서 두 아이를 키울 수 있을 만큼 여유로워졌다.

아이들이 왜 공부해야 하는지를 알게 된다면 스스로 열심히 하지 않을까? 나는 학창시절 공부를 잘하지 못했다. 성적은 중상위권 정도였다. 공부를 왜 해야 하는지, 공부를 잘하면 삶이 어떻게 달라지는지 알았다면 더 열심히 공부했을 것이다.

나는 공부를 하는 이유에 대해 그 누구도 아닌 아버지께 물어보고 싶었다. 그렇지만 그럴 수 없었고 누구도 자세히 설명해 주지 않았다. "공부해서 남 주는 것 아니다. 다 너를 위한 것이니 최선을 다해 공부해라."라는 말만 들었다 그때는 그 말을 이해하지 못했다. 세월이 지나 사회생활을 하고 나서야 그 뜻을 알게 되었다.

공병호 박사의 《10년 법칙》에서는 어떤 분야든 전문가가 되기 위해서는 10년 정도의 꾸준한 노력이 필요하다고 한다. 우리는 초등학교에서부터 고등학교까지 12년을 준비해 대학에 들어간다. 그렇게 들어간 대학 4년 동안 전공을 공부한다면 전문가로 나아가기 위한 발판이 되지 않겠는가. 나는 아들에게 왜 공부를 해야 하는지에 대해 말해 주고 싶다. 물론 지금 초등학교 6학년인 큰아들 지훈이가 이해를 할 수 있을지 모르겠지만 그래도 자주 이야기해 주려고 한다. 내가 아버지에게 받고 싶었던 사랑과 조언을 아들에게 꼭 해 주고 싶기 때문이다.

셋째, 복잡한 세상사로부터 잠깐이나마 숨을 돌릴 수 있는 아늑한 장소에서 쉽게 책을 대하도록 해 주고 싶다. 무더운 여름, 소나무 그늘에서 책 한 권을 읽는 여유처럼 말이다.

아내와 나는 시간이 날 때마다 아이들에게 자주 책을 읽는 모습을 보여 주었다. 지훈이가 글을 못 읽을 때는 동화책을 읽어 주었고 글자를 익히고 나서는 책을 많이 볼 수 있는 환경을 만들어 주었다. 주말에는 가족과 다 같이 서점에 가기도 하고 인터넷으로 주문한 책을 기다리는 즐거움도 가질 수 있게 해 주었다.

나는 어린 시절 책을 즐겨 읽지 않았다. 30대 초반에 자기계발

도서와 부동산 관련 도서를 보면서 책에 흥미를 가지게 되었다. 책을 읽는 습관을 들이기는 쉽지 않다. 그래서 나는 얇은 책이나 어린이들이 좋아하는 만화책으로 아이들이 자주 책을 접할 수 있게 해 주었다. 집에 TV가 없는 데다 부모가 책을 읽는 모습을 보다 보니 지훈이도 자연스럽게 독서 습관을 가지게 되었다. 부모와 형이 책을 읽는 모습을 보면서 둘째 아들 강훈이도 책을 좋아하게 되었다. 현명한 아버지가 되기 위해 내 나름대로 노력하고 있는 것이다. 내가 받지 못했던 아버지의 정을 이렇게라도 아이들에게 줄 수 있어 너무나 행복하다. 세상을 살다 힘이 들 때면 언제든 돌아와 쉬면서 재충전할 수 있는 장소를 아이들에게 제공해 줄 것이다.

넷째, 자존감을 갖도록 도울 것이다. 나는 유일한 존재다. 그러므로 나를 소중히 생각하는 습관을 가져야 한다. 나는 매일 출근할 때나 퇴근할 때마다 아들들에게 "사랑한다, 아들아. 이지훈 최고, 이강훈 최고!"라고 말하며 뽀뽀해 준다. 아이들이 자라면서 자신이 유일한 존재이고 최고의 존재임을 인식하기를 바라는 마음에서다. 그렇게 된다면 자신을 위해 어떻게 생활하고 행동해야 하는지에 대해 고민할 것이고 아울러 타인에 대한 존경심도 갖출 것이기 때문이다.

요즘 들어 강훈이는 "아빠는 내 마음도 몰라주고!"라며 우는 일이 잦다. 자신에게 관심을 가져 달라는 것이다. 나는 아이들이 성장할 때까지 아버지로서의 역할을 충실히 하고 싶다. 나의 모습을 보고 자라는 아이들을 위해서라도 더욱더 노력하며 성실한 삶을 살아갈 것이다. 아이들이 나중에 가정을 이뤘을 때 소나무 같았던 나의 모습을 떠올리며 살았으면 좋겠다. 내가 느꼈던 아버지의 빈자리를 내 아이들은 느끼지 않았으면 한다. 언제나 푸르른 소나무처럼 아버지가 굳건히 그 자리에 있었기 때문에 잘 성장할 수 있었다고 생각해 주었으면 하는 마음뿐이다.

04
부자의 사고로
무장하기

　나는 부산에서 공업고등학교를 졸업하고 바로 사회에 뛰어들었다. 친형의 소개로 입사한 나의 세 번째 회사는 자동차 업종의 중견기업으로 튼튼한 재무 구조를 가진 회사였다. 지금으로부터 23년 전으로, 그때 당시 월급은 28만 원이었다. 6개월 동안의 수습기간을 거친 뒤 월급은 50만 원 정도로 인상되었다. 당시 말단 사원으로 시작했기에 잔업과 휴일 연장 근무가 지속적으로 이루어졌다. 나 또한 돈이 필요한 형편인지라 군말 없이 연장 근무와 휴일 근무를 병행했다. 시간 외 근무를 통해 추가적으로 돈을 벌 수 있었기 때문이다.

　지금이야 주 5일제 근무가 정착되어 있지만 당시에는 토요일도 정상 근무일이었다. 나는 추가 수당을 받기 위해서 일요일까지 근무했다. 열심히 일해 돈을 저축하면 부자가 될 수 있다고 믿었다. 시간과 돈을 바꾸면 된다고 단순하게 생각했다. 20대라 쉬지 않고 일해도 피곤함을 느끼지 못했다. 하지만 피로가 계속해서 누적되어 몸에 이상반응이 나타나기 시작했다. 갑자기 코피가 나고 현기증이 발생해 병원을 찾았다. 의사는 피로 누적이니 며칠 쉬어야 한다고 말했다. 지금 생각하니 왜 그렇게 무리해서 일을 했는지 모르겠다.

20대에는 나의 시간을 팔아서 돈을 샀다. 최대한 지출을 줄이려고 허리띠를 졸라맸다. 돈을 모아 부자가 되고 싶다는 생각만으로 구체적인 목표도 없이 최선을 다했다. 꿈에 대한 정확한 목표와 왜 부자가 되려고 하는지에 대한 의식이 부족했다. 오랜 금언처럼 '내일의 영광을 위해 오늘을 희생한다'라는 핑계로 평범한 인생에 안주하며 살았다. 부자가 되고자 하는 생각은 했지만 방법을 알려 주는 사람은 아무도 없었다. 그저 열심히 살고 저축하다 보면 부자가 될 수 있다고 생각했다. 부유한 집안에서 태어나지는 못했지만 열심히 회사를 다니면 언젠가는 성공한 사람이 될 수 있다고 믿고 열심히 일만 했다. 그러나 한 권의 책을 만난 뒤 나의 생각은 달라졌다.

이구치 아키라의 저서 《부자의 사고 빈자의 사고》에서는 부자들의 사고는 뿌리부터 다르다고 말하고 있다. 부자와 가난한 사람의 차이는 능력이 아니라 사고방식에 있다는 말이다. 누군가 나에게 인생의 목표를 물었을 때 이렇게 대답한 적이 있다.

"네? 인생의 목표요? 음, 일단 결혼해서 아이를 낳고 행복한 가정을 꾸려 좋은 아빠가 되는 것입니다."

행복한 가정을 꾸리겠다는 구체적인 시기와 방법이 없이 두루 뭉술하게 표현한 것이다. 부자가 되어 출세하고 싶다는 막연한 생각은 정확한 목표가 없는 것과 같다. 정확한 목표가 없으면 인생에 대한 집념과 열정이 생길 수 없고, 자신을 연마하려는 노력도 하지 않게 된다. 그래서 부자의 사고방식으로 다시 표현해 보았다.

"나의 인생 목표(꿈)는 자기계발 베스트셀러 작가가 되어 1인 기업가로 연봉 10억 원을 달성하는 것입니다. 또한 나의 건물을 세워 그곳에서 강연하고, 사랑하는 가족과 해외 크루즈 여행을 하며 여유로운 삶을 즐기는 것입니다. 지금은 회사원이지만 5년 안에 창업해 연 매출 100억 원을 달성하는 1인 기업가로 성장해 나갈 것입니다!"

명확한 목적(꿈)을 충전한다면 그것을 달성하도록 모든 것에 끌어당김의 법칙이 작용할 것이다. 부는 매사에 집념이 강한 사람을 좋아한다. 나는 매일 지속적으로 자기계발 도서를 읽고 나의 책을 출간하기 위해 노력 중이다. 〈한책협〉에서 진행하는 공저 작업에 참여해 필력을 높일 것이고, 개인저서를 출간해 1인 기업가로 나아갈 것이다. 또한 이러한 활동을 무리 없이 하기 위해 건강 관리에도 몰두할 것이다.

《부자의 사고 빈자의 사고》에서는 "부자에게는 부를 늘리기 위한 기술을 필사적으로 터득한 자기 투자기간이 반드시 존재합니다. 자신의 장래를 위해 시간과 돈과 체력을 쏟아붓는 일이야말로 진정한 자기 투자입니다."라며 돈을 지출하는 방법에 대해서도 말하고 있다. 대다수 회사원들의 월급은 생활비, 용돈, 저축의 패턴을 이루며 통장에서 빠져나가 살림은 빠듯하기만 하다. 자기계발을 위해 어느 정도 투자하고자 생각은 하지만 막상 실천하지는 못한다.

내가 생각하는 자기계발 투자의 기준은 희망 연봉의 5~10%다. 연봉으로 5,000만 원을 받고 싶으면 연간 500만 원, 50억 원을 받고 싶으면 연간 5억 원을 투자해야 한다. 책에서는 두 가지 투자에 대해 말하고 있다. 전공 서적을 구입하거나 자기 분야의 세미나, 강연회에 참석해 '기술력을 익히는 투자'와 문화생활을 통해 경험의 폭을 넓혀 '자신의 수준을 높이는 투자'다.

나는 10년 전부터 매달 주기적으로 책을 구입해서 꾸준히 독서에 몰입하고 각종 강연회에 참석해 경제적 지식을 높이고 있다.

또한 회사 전공 분야에 필요한 프로젝트 기술 세미나와 각종 전시회를 참관하며 기술 동향을 습득하고 있다. 그리고 가족들과의 해외여행을 통해 다양한 문화 체험을 하고 있으며, 전 세계 문화를 경험해 볼 계획이다. 아깝다는 생각을 하지 않고 나에게 적극적으로 투자하고 있다. 다행히 매년 연봉도 조금씩 인상되고 있어 아낌없이 나에게 투자하며 부자의 사고로 무장하고 있다.

이어서《부자의 사고 빈자의 사고》에서는 "부자는 다른 사람에게 가치를 제공함으로써 더욱더 풍족해질 수 있다."라고 말한다. 저자는 돈을 벌어 부자가 되면 어떤 사람이 될지에 대해 묻는다. 보통 사람들은 돈을 벌면 모든 것을 할 수 있다고 생각한다. 하지만 구체적으로 계획해 두지는 않는다. 뉴스에서 복권 당첨으로 갑자기 부자가 된 사람들에 대한 이야기를 접한 적이 있다. 그들은 돈이 생기면 어떻게 사용할지 생각해 보지 않아서 당첨금을 흥청망청 쓰고 잘 알지도 못하는 사업에 무분별하게 투자해 결국은 다시 가난한 삶으로 전락했다고 한다.

부자는 타인에게 가치를 제공하는 것을 원칙으로 한다. 성공한 부자들은 사회에 이바지하기 위해 돈이나 재능을 기부한다. 보통 사람들은 돈이 남아돌아서 그런다고 생각하겠지만 이것이 바로 가난한 사고다. 진정한 부자들은 세상을 행복한 방향으로 이끌고자 노력한다. 나는 세상을 위해 무엇을 할 수 있을지 고민하는 부자가 되고 싶다. 사회에 공헌할 수 있는 진정한 부자의 사고를 가지고자 노력할 것이다. 나만의 윤택한 삶을 목적으로 하지 않고 타인에게 가치를 제공함으로써 풍족해지는 삶을 살고자 한다.

더 크게 성공하기 위해서는 의식 확장이 꼭 필요하다. 왜냐하면 사람은 편안했던 이전의 삶으로 한순간에 되돌아갈 수 있기 때문이다. 성공을 뒷받침하기 위한 의식의 그릇을 키우지 않는다면 더 큰 성공을 누릴 수 없다. 나는 의식 확장을 위해 지속적인 독서와 자기계발 그리고 멘토를 찾아 가르침을 받는 것을 게을리 하지 않을 것이다.

아내에게
100억 원 주기

나는 아내에게 100억 원을 주고 싶다. 그 이유는 아내와 결혼한 이후 고마운 일들이 아주 많이 일어났기 때문이다. 100억 원은 실로 어마어마한 금액이다. 연봉 1억 원인 사람이 한 푼도 쓰지 않고 100년을 모아야 하는 돈이다. 내가 꿈꾸는 고급차 벤틀리 컨티넨탈 플라잉 Spur 6.0의 금액은 약 3억 원인데 이 차를 무려 30대 이상 구입할 수 있는 돈이다. 그만큼 아내는 내가 가진 모든 것을 주어도 아깝지 않은 사람이다.

동갑내기인 아내는 내가 사랑하는 사람이자 때론 친구같이 편하고 스승같이 배울 점이 많은 사람이다. 우리는 3년여의 연애 끝에 2002년 12월 29일 결혼했다. 벌써 결혼 14년 차다. 당시 우리 부부는 무일푼으로 결혼해 어머니 집에 얹혀 살면서 신혼생활을 시작했다. 힘든 결혼생활이 될 것을 알고도 나를 믿고 결혼해 준

아내에게 항상 고맙게 생각한다. 아내는 함께 열심히 벌어서 집도 마련하고 잘 살면 된다고 나를 격려해 주었다.

아내는 대학교 시간강사로 일했는데, 첫째를 낳고도 계속 일해 경제적으로 많은 도움이 되었다. 가정 형편은 맞벌이를 하면서 조금씩 나아져 갔다. 힘들고 고생스런 일들이 많았지만 아내는 웃음을 잃지 않고 항상 옆에서 나를 응원해 주고 격려해 주었다. 회사에서 힘든 일이 있어 고민할 때면 어떻게 알았는지 친구처럼 술 한잔하자고 했다. 부정적인 생각을 하거나 잘못된 행동을 할 때면 충고도 아끼지 않았다. 가끔은 서운하기도 했지만 아내의 말을 들어서 잘못된 일은 없었다. 항상 열심히 노력하는 모습으로 긍정적인 마인드를 심어 주고 미래를 함께 준비하자고 말해 주는 아내를 보면서 배우는 점이 많다. 14년 동안 열심히 노력해 집도 마련했고 두 아들도 태어나 요즘은 행복한 일상을 보내고 있다. 또한 아내의 권유로 함께 책을 쓰고 있는 중이다. 이 모든 일들이 아내의 내조가 있었기에 가능하다고 생각한다.

아내를 잘못 만나 패가망신하는 경우도 있다. 부부가 서로 생각이 맞지 않아 힘들어 이혼하는 경우를 가끔 본다. 내가 아는 분도 아내가 돈을 흥청망청 쓰고 가정에는 관심이 없다고 하소연했다. 은행에서 대출을 받아 주식에 투자해 탕진하고 빚까지 생겨 결국에는 이혼하게 되었다. 이렇게 아내를 잘못 만나 서로의 삶이

극단으로 치닫는 경우도 있다. 서로가 의논하거나 존중하지 못해 믿음이 없어져 큰 문제를 만든 것이다. 남편과 아내가 서로 존경심을 품고 예절을 갖춘다면 이러한 일들은 발생하지 않을 것이다.

아내는 나에게 힘이 되어 주는 친구 같은 존재다. 그렇지만 우리 부부도 믿음이 그냥 생긴 것은 아니다. 14년 동안 힘든 일이 많았고 여러 가지 일로 언성이 높아지기도 했다. 그러나 둘 다 성실히 살아왔고 서로를 많이 이해하려 했기에 점차 믿음이 생기게 되었다.

신혼생활 중 몸이 불편하신 어머니가 세 번의 척추 수술을 받으셨다. 수술을 받을 때마다 본인도 힘들어하셨지만 옆에서 간병을 하는 우리도 정말 힘들었다. 수술을 하기까지 상담과 정밀검사를 하는 데 많은 시간과 돈이 들었고 신경 쓸 일도 많았기 때문이다. 세 번째 수술을 받아야 된다고 했을 때 어머니는 수술에 대한 두려움으로 힘들어하셨다. 나 또한 의사 선생님과 면담을 했지만 어떻게 해야 될지 판단이 서지 않았다. 수술을 빋지 않으면 전신마비가 올 수 있다는 말을 들었을 때 가슴이 무너지는 느낌을 받았다. 왜 나에게만 이런 힘든 일이 한 번도 아니고 세 번씩이나 일어나는 것인지 하늘을 원망했다.

방향을 잡지 못하고 있을 때 아내는 나에게 항상 잘될 것이라는 긍정적인 사고를 가지라고 말해 주었다. 나쁜 일이 있으면 좋은 일이 생긴다고 말하며, 이제는 모든 일들이 잘 풀릴 것이니 행복한 생각만 하고 항상 웃는 모습을 보여 달라고 말했다. 아내가 말한 것처럼 이제는 행복한 일만 있을 것이라고 생각하니 마음이 한결 가벼워졌다.

다행히 어머니의 수술은 잘되었다. 수술 후 재활병원으로 옮겨 6개월 이상 재활치료를 병행했다. 재활병원을 알아볼 때도 아내는 어린 둘째 아들을 업고 인터넷으로 확인하며 여기저기 함께 다녀 주었다. 조금 크다는 재활병원은 사람들이 너무 많아 조용하게 지내 오신 어머니와는 맞지 않을 것 같아 작지만 여유로운 재활병원을 찾아갔다.

재활병원을 선택하고 어머니가 입원실을 안내받았을 때였다. 수술 직후라 간병인의 도움을 받아야만 움직일 수 있었지만 어머니의 정신만큼은 흐트러지지 않으셨다. 그런데 입원실을 배정받을 때 병원 측의 실수로 아내와 어머니는 함께 울고 말았다. 왜냐하면 옆에 누워 계신 할머니들이 당장 내일이라도 돌아가실 것같이 앙상한 몸으로 손발이 묶인 채 천장만 바라보고 계셨기 때문이었다. 어머니는 충격을 받아서 눈물을 흘리셨고 그런 어머니를 보면서 나와 아내는 병원 측에 항의했다. 다행히 어머니와 비슷한 환자가 계시는 병실을 다시 배정받아 어머니를 안심시켜 드릴 수 있었다.

여러 가지 어려운 일들이 생길 때마다 아내가 옆에 있어서 너무 고맙고 든든하다. 의사와 상담하는 일도, 병원을 선택하는 일도 아내가 옆에 있었기에 많은 시간 고민하지 않고 진행할 수 있었다. 내가 힘들어하면 옆에서 친구처럼 편안하게 내 말을 들어주었고 부정적인 생각을 할 때면 항상 긍정적인 마인드를 가져야 좋은 일이 생긴다고 충고해 주었다. 이런 아내가 있어 많은 힘이 되었고 지금까지 잘 버텨 온 것 같다. 나중에 내 아들들도 지혜로운 아내를 맞이해 서로를 존중하면서 살아가길 바란다.

성공은 누구든지 할 수 있다. 그렇지만 모든 사람들이 성공하는 것은 아니다. 생각한 것을 행동으로 옮겨 실천하는 사람만이 성공한다. 나 또한 꿈을 행동으로 실천해 성공한 사람으로 나아갈 것이다.

"천재는 노력하는 사람을 이길 수 없고, 노력하는 사람은 즐기는 사람을 이길 수 없다."라는 말이 있다. 나는 노력하는 사람보다 성공을 즐기는 사람이 될 것이다. 그러면 아내에게 100억 원의 용돈을 주는 성공한 사람이 될 수 있다고 생각한다.

내가 이런 꿈을 향해 나아갈 수 있도록 코칭해 준 사람이 있다. 바로 〈한책협〉의 김태광 코치다. 그는 가난한 어린 시절을 보냈지만 글쓰기에 몰입해 많은 책을 펴냈다. 성공할 삶을 믿고 실천했으며 사람들에게 나눔의 삶을 살라고 말한다. 성공을 위한 실천 로드맵도 제시한다. 나는 그 방법을 하나씩 실행할 것이다. 방법을 알고 있는 것만으로도 성공자의 대열에 합류했다고 믿는다.

지금 나는 1인 기업가를 꿈꾸고 있다. 현재는 회사원이지만 개인저서를 준비 중이다. 2017년 제2의 인생 설계를 위해 사내 성공학 강사를 시작으로 나의 꿈을 이루려 한 걸음씩 나아갈 것이다. 나의 경험과 생각을 담아 저서를 쓰고 이를 바탕으로 강사 활동을 병행해 좀 더 빠르게 발전해 나갈 것이다. 또한 성공학 메신저가 되어 아내와 함께 하와이에 성공학 아카데미를 세워 운영할 계획이다. 성공하고자 하는 사람들과 함께 나눔의 삶을 실천할 것이다. 행복하게 활기찬 미래를 꿈꾸고, 꼭 성공할 것이라고 확신하며, 누구보다도 잘해 나갈 자신이 있다.

PART 6

성공해 주도적 삶을 사는 1인 기업가

서명식

서명식 ♪

책 쓰는 회사원, 세일즈 메신저, 자기계발 작가, 글쓰기 코치

10년째 외국계 IT 회사에서 근무 중이다. 영업 대표, 마케팅 매니저로서의 경험과 깨달음을 통해 인생을 배우고 있다. 세일즈 및 마케팅 전문가를 꿈꾸는 이들에게 도움이 되고자 전문가로서 살아가는 방법들에 대한 자세한 이야기를 다룬 저서와 강연, 코칭 프로그램을 기획 중이다.

E-mail myungsiki@hotmail.com

가족과 미국 MLB
30개 야구장 방문하기

　누군가를 처음 만나는 자리에서 가장 많이 듣는 질문은 "나이가 어떻게 되세요?", "고향이 어디세요?" 등의 신상 정보와 관련된 부분이다. 하지만 그런 기본적인 정보를 묻는 것은 다소 무례하게 느껴질 수 있다. 그래서 서로의 공통점을 찾거나 이야깃거리를 찾기 위해 많이 하는 질문이 "취미가 뭐예요?"가 아닐까 한다.

　하지만 여기서부터 또 다른 고민이 시작된다. 우리나라는 OECD 가입국 중 가장 긴 근무 시간을 갖고 있다. 이런 상황이다 보니 대부분의 직장인들에게는 취미생활을 할 여력이 없다. 일례로 취업포털 잡코리아가 취미생활이 있는 직장인 637명을 대상으로 '취미생활'에 관해 실시한 설문조사를 들 수 있다. '운동(35.3%)'이 가장 많았고, '영화, 드라마 감상(28.6%)', '여행(13.5%)', '맛집 탐방(12.2%)', '독서(10.5%)', '외국어 공부(9.7%)' 등이 뒤를 이었다고 한다. 과거의 독서, 음악 감상 등의 기본적인 답변보다는 다양해 졌지만, 여전히 개성이 드러나는 독특한 취미생활과는 다소 거리가 있다는 의견도 있다.

대학 졸업을 앞두고 취직을 위해 자기소개서나 입사지원서를 작성할 때 나의 가장 큰 고민 중 하나는 취미란에 무엇을 적을까 하는 것이었다. 남들과 비슷한 취미를 적자니 평범해 보일 것 같아 걱정되고, 그렇다고 뚜렷한 취미가 있는 것도 아니었기 때문이다. 그나마 취미생활이라고 꼽을 수 있었던 것이 야구였기에, '야구장 분위기 즐기기'라는 다소 엉뚱한 취미를 적었다. 그나마 적었으니 다행이라고 생각했다.

하지만 직장생활을 하면서 다소 바뀐 부분이 있다. 실제로 야구를 하게 된 것이다. 입사한 뒤 알게 된 비즈니스 파트너 임원께서 당신의 친구가 야구를 굉장히 좋아하는데, 같이 야구를 할 사람을 찾고 있으니 연락 한번 해 보라며 소개해 주셨던 것이다. 반가운 마음에 바로 연락을 하고 사회인 야구동호회에 가입했다. 그런데 또 다른 숙제가 눈앞에 놓여 있었다. 의욕은 넘치고 용기는 충만했지만, 실력이 너무나도 부족했다. 몇 차례 시합을 하면서 나의 부끄러운 실력은 만천하에 드러났고, 스스로가 너무 창피해 도망치듯이 동호회를 떠났다. 지금 생각해 보면 연습을 많이 해서 실력을 길러 함께하면 되었을 간단한 문제였다. 하지만 당시에는 그냥 도망치고 숨어 버리려는 마음이 너무나도 컸다.

그렇게 야구장 분위기를 즐기고 보는 것에 만족하던 나에게 또 다른 기회가 찾아왔다. 2008년 9월 서울로 전근을 하며 사내 야구동호회를 발견한 것이다. 당장 가입했다. 함께 야구를 즐기는 분들이 많았던 탓에 덜 부담스러운 상황에서 활동을 시작한 사회인 야구 경력이 현재 8년 차에 접어들었다. 여전히 실력은 많이 부족하지만 취미생활로 확실히 자리매김하게 되었다.

나는 어린 시절 아버지와 함께 사직 야구장으로 응원을 다닐 때부터 20여 년이 넘게 야구를 즐기고 있다. 보다 깊은 관심을 가지게 된 계기는 한국 선수들이 진출하고 있는 MLB(Major League Baseball)를 알게 되면서부터다. 박찬호 선수를 선두로 IMF 위기 때 국민들에게 희망을 주는 모습을 보며 알게 된 메이저리그는 알면 알수록 새로운 모습으로 내게 다가왔다.

나는 야구의 성지라고 불리는 미국 메이저리그가 진행되는 야구장 30곳을 모두 가 보는 것이 소원이다. 2003년 군 복무를 끝내고 복학한 뒤 전공과는 다소 거리가 있던 '미국의 역사와 전통'이라는 수업을 들은 적이 있다. 첫 번째 과제였던 미국에 대한 자유 주제 리포트 제출은 지금도 기억에 많이 남는다. 나는 원래 스포츠에 관심이 많아서 미국의 4대 스포츠에 대한 역사를 주제로 개인적인 생각을 담아 열심히 리포트를 작성했다. 내심 좋은 성적을 기대했지만, 아쉽게도 B+를 받았다. 다른 학우들이 보다 나은 주제를 선정하고 자료도 많이 준비했었기에 그랬을 것이라 스스로를 위로했다. 하지만 자신 있는 분야에 대해서도 그렇게밖에 성적을 받지 못하는 스스로를 많이 책망했었다.

나름 오기가 생기기 시작해 더욱더 관심을 갖게 된 것이 우리나라 선수들이 꾸준히 진출하던 MLB였다. 그중에서도 유독 관심이 가는 것은 특정 선수나 구단이 아닌, 경기가 펼쳐지는 야구장이었다. TV나 신문, 잡지 등을 통해 접하는 MLB 야구장은 '급'부터가 달랐다. 5만 명을 수용할 수 있는 규모가 충격으로 다가왔다. 우리나라의 야구 해설자들도 MLB를 중계하면서 우리도 하루빨리 저런 시설과 장비, 환경을 갖춰야 한다고 의견을 피력한다. 나는 그 의견에 공감하며 꼭 한 번 가 보고 싶다는 생각을 했다.

그러다가 운 좋게도 출장길에 박찬호 선수가 몸담고 있었던 LA 다저스의 홈구장인 다저스타디움에 들르게 되었다. 1962년 지어진 다저스타디움은 미국에서 관중석이 가장 크며, 홈 관중 동원 능력도 최고를 기록하고 있는 구장이다. 다저스(Dodgers)는 '피하는 사람들', '탈세자들', '속임수를 잘 쓰는 사람들'이라는 뜻으로, 이전 연고지였던 브루클린의 시민들이 거리의 전차를 피해 다니는 모습을 보고 지었다는 설과 브루클린 시민 가운데 무임승차하는 사람이 많아 이런 이름이 붙었다는 설이 있다.

야구 응원에서 빠질 수 없는 것이 먹을거리다. 다저스타디움의 자랑거리 중 하나는 핫도그인 '다저 도그(Dodger Dog)'다. 이 핫도그는 다저스타디움을 방문하면 반드시 사 먹는 별미로 자리 잡았다. 이 핫도그는 한국에서 파는 핫도그의 약 2배에 가까운 크기를 자랑하며 충분히 한 끼 식사가 될 정도로 배가 부르다고 한다. 이렇듯 야구장을 통해 그 나라의 역사, 문화, 전통, 생활, 의식, 건축, 음식 등을 배울 수 있다.

나는 가족과 함께 MLB 구장들을 방문하고 싶다. 단순한 관광이 목적이 아니라, 미리 공부를 하고 그 자취를 따라가는 배움의 장이 되었으면 한다. 특히 지난 9월에 첫돌을 맞이한 아들이 커서 많은 것을 느낄 수 있는 나이가 되어 함께한다면 더할 나위 없이 좋은 경험이 될 것이다. 단순히 야구만 보기 위한 것이 아니라, 그 이면에 숨어 있는 역사, 전통, 문화, 음식 등을 함께 느끼는 귀중한 기회를 가족과 함께할 것이다. 또한 서로를 보다 깊이 이해하고 사랑하는 시간을 가짐으로써 더욱더 끈끈하게 뭉칠 수 있는 기회가 될 것이다. 30개의 MLB 야구장을 방문하며 받았던 느낌과 배운 것들은 매일매일 정리할 것이다. 그래서 수많은 사람들과 공유할 수 있도록 책으로 출간할 예정이다.

이렇게 야구는 나에게 단순히 취미생활에 머무르는 것이 아니라, 또 다른 목표이자 이루고 싶은 꿈이 되었다. 단순히 즐기는 것이 아니라, 내 안의 또 다른 보물로서 삶의 지도가 되어 줄 것이다.

가족 일기 쓰고
책으로 출간하기

　어릴 때부터 지켜본 나의 아버지는 기록하거나 글 쓰는 것을 좋아하셨다. 시간적 여유가 있을 때면 일기를 쓰시거나 신문의 낱말풀이 등을 하며 끊임없이 무언가를 적고 계셨다. 물론 그것이 어떤 것인지 지금까지 단 한 번도 묻지 않았다. 그냥 내 짐작으로 '일기를 쓰며 당신의 생각을 남기시는 것은 아닐까' 하고 생각할 뿐이다.

　중학교 3학년 때였다. 당시 친하게 지내던 친구 중에 '삼칠이'라는 친구가 있었다. 학급 번호가 37번이라는 이유로 삼칠이라 불렸던 친구였는데 갑자기 꽤 멀리 이사를 갔다. 학교에서 버스로 약 한 시간 정도 걸리는 거리라서 당연히 전학을 갈 것이라 생각했다. 하지만 그 친구는 중학교를 한곳에서 마치면 좋겠다는 부모님의 권유도 있었고, 본인도 친구들과 떨어져 지내고 싶지 않은 마음에 전학을 가지 않았다.

청명한 가을 하늘이 드높던 10월의 어느 토요일, 그 친구가 학교가 끝나면 자기 집에 놀러 가자고 했다. 나는 일말의 망설임도 없이 가겠다고 했다. 학교가 끝난 뒤 지금도 기억이 선명한 101번 버스에 함께 올랐다. 처음 가 보는 동네에 대한 호기심 반, 두려움 반의 마음이었지만 차창 밖의 경치도 제대로 구경하지 못할 정도로 친구와의 대화에 푹 빠져 있다 보니 어느새 친구의 집에 도착했다.

마침 친구 어머니께서 집에 계셨다. 친구 어머니는 나에게 놀러 온 것을 환영한다며 과일과 과자를 준비해 주셨다. 친구 방에서 간식을 먹으며 놀던 중 몇 권의 노트가 눈길을 끌었다. 내 책장에는 교과서나 참고서만 있던 터라, 가지런히 정리된 친구의 노트 꾸러미에 자연스레 시선이 갔다. 호기심 가득한 마음으로 어떤 노트인지 친구에게 물었다. "나 일기 쓰고 있어!"라며 무심하게 내뱉는 친구의 한마디에 갑자기 멍해졌다.

나는 그때까지 일기는 초등학교 시절 방학 숙제라고만 생각했다. 방학이 끝나기 직전 부지런한 친구의 노트를 빌려 날씨가 어땠었는지 기록하는 것이라고만 여겼다. 특히 중학교 진학 후에는 그런 방학 숙제도 없었고 무언가를 기록하는 것은 아버지만 하는 습관이라 생각했는데, 가장 친한 친구가 일기를 쓰고 있었던 것이다. 집으로 돌아오는 버스에서 나는 결심했다.

'나도 일기를 써야겠다!'

당장 문구점에 들러 내 용돈으로 살 수 있는 것 중 가장 비싼 고급 노트를 샀다. 기왕 일기를 쓰기로 결심했기에 좋은 노트에 써야 자주 쓸 것이라 생각했고, 계속 간직하려면 품질이 좋아야 한다고 생각했다. 집으로 돌아와 연필을 들었으나 막상 무엇을 써야 할지 막막했다. 수업시간에 필기만 해 보았던 나에게 일기를 쓰는 것은 거대한 벽 앞에 서 있는 것처럼 막막하게 느껴졌다. 그렇게 쓰고 지우기를 몇 번이나 반복하다가 결국은 애꿎은 종이만 몇 장 찢었다. 일기 한 장 쓰지 못하는 나에게 화가 나 노트를 방 한쪽 구석으로 던지고, 일기를 쓰는 것은 나와 맞지 않는다며 잊어버렸다.

며칠 후, 어머니가 내 방을 청소하시다 찾아서 책상의 한쪽 구석에 꽂아 놓은 노트를 보게 되었다. 그날따라 유난히 차분한 마음이어서 다시 일기를 쓰기로 다짐하고, 책상에 앉아 무작정 일기를 쓰기 시작했다. 일기를 쓰도록 영감을 준 친구의 집으로 가기 위해 탔었던 버스 번호부터, 어느 동네를 거쳐 갔는지, 친구 동네에는 어떠한 학교가 있는지, 그날 무엇을 먹었는지 등 있었던 일들을 그냥 기록하기만 했는데도 처음보다 일기가 잘 쓰였다. '아! 일기라는 것이 특별한 것이 아니라, 내가 했었던 일들을 손이 가는 대로 마음 편히 적으면 되는구나!'라며 편하게 생각하게 되었다. 나는 그때부터 꼬박꼬박 일기를 쓰기 시작했다.

이후 나에게 일기 쓰기는 가장 중요한 일 중 하나가 되었다. 특히 대부분의 친구들이 싫어하던 야간자율학습 시간은 마음 편하게 일기를 쓸 수 있는 소중한 시간이었다. 공부하기 싫어 딴짓을 하거나, 피곤함에 지쳐 잠을 청하거나, 교실을 벗어날 궁리를 하던 친구들과 달리 나는 일기장을 펼쳐 놓고 나만의 세상에 빠져들었다. 나에게 있었던 일들을 편안한 마음으로 손길 가는 대로 노트에 적는 순간이 너무나도 행복했다. 일기 쓰기 때문에 고교 3년을 무사히 마칠 수 있었다 해도 과언이 아닐 정도로 소중한 시간이었다.

대학 입학 이후, 갑자기 주어진 자유시간과 비례해 일기의 분량도 늘어나기 시작했다. 특히 선생님들의 훈육과 통제에 따르기만 했던 고등학교 시절과 달리, 모든 것을 스스로 해결해야 하는 대학 신입생 시절의 어려움과 두려움을 일기장에 털어놓으며 위안을 삼았다. 이런 생활은 군대에서도 계속 이어졌다. 처음 경험하는 낯선 세계에서 일기는 나의 가장 친한 친구 역할을 꾸준히 해 주었다.

사회생활을 시작한 뒤로는 학창시절만큼 꾸준히 일기를 쓰지는 못한다. 그래도 틈틈이 다이어리에 그날 있었던 특별한 일들이나 생각 등을 간단히 적고 있다. 그렇게 쌓인 일기장 20여 권과 다이어리 10권은 나에게 무엇과도 바꿀 수 없는 소중한 보물이 되었다.

가끔 여유가 있는 주말이면 5년 전, 10년 전, 15년 전의 나는 무엇을 했었고 어떠한 생각을 했었는지 일기장과 다이어리를 들춰 본다. 그럴 때마다 느끼는 것은 특별한 것은 없었다는 것이다. 그냥 하루하루를 충실히 지냈고, 그런 하루하루가 쌓여 지금의 내가 되었다는 것을 알 수 있다. 즉, 일기장과 다이어리는 내가 여기까지 올 수 있게 해 준 나만의 원동력이자 보물지도다.

2014년 지금의 아내를 만나 결혼하고, 2015년 아이가 태어나면서 나만의 보물지도를 소중한 가족과 함께 나누고 싶다는 생각을 꾸준히 해 왔다. 기록을 한다는 행위가 다소 귀찮고 시간 낭비처럼 보일 수도 있다. 하지만 시간이 지나 쌓이고 축적된 기록을 볼 때의 아련함과 뿌듯한 기분을 함께 느끼고 싶다. 물론 한 번만 쓰고 끝나는 것이 아니라 꾸준하게 가족 모두 함께할 수 있는 습관으로 만드는 것이 최종 목표다. 그렇게 쌓여 가는 가족의 기록을 5년, 10년, 15년 뒤에는 가족 모두가 어떻게 살아갈 것인지 같이 고민하고 대화하는 장이자 우리 가족의 소중한 보물지도로 만들고 싶다.

아직 말도 못하는 아이를 보며 마음속으로 '해담아! 너도 빨리 커서 아빠와 같이 일기를 쓰자'라고 생각하다가도 '이게 무슨 말도 안 되는 생각인가' 하며 스스로를 한심해하기도 한다. 하지만 인생의 소중한 보물지도를 만들어 본 인생 선배로서 조언자가 되어 주고, 함께할 수 있는 동반자가 되어 준다는 상상만으로도 기쁘다. 우리 가족의 소중한 보물지도를 모두 함께 쓸 수 있는 날이 어서 빨리 오기만을 오늘도 간절히 기도한다.

가족과 국립공원
올라가서 일출 보기

　중학교 2학년 때였다. 담임선생님의 추천으로 나는 선도부원으로 활동하게 되었다. 일주일에 한 번 일찍 등교해 교문 앞에서 학우들의 복장이나 두발 상태 등을 선생님과 함께 지켜보는 어렵지 않은 일이었다. 다만 불량스러운 복장이나 규정을 위반하는 머리 길이 등을 지적해야 했기에 친구들에게는 미움을 사게 되었다. 선도부원으로 활동하는 친구들 모두 그런 어려움이 있었다.

　힘들어하는 우리를 위해 선도부 담당 선생님께서 여름방학을 맞아 야영을 가자고 제안하셨다. 더운 날씨를 피할 수 있는 장소를 고르던 중, 선생님께서는 당신이 학창시절 종종 가곤 했던 밀양의 얼음골에 가자고 하셨다. 우리는 좋은 생각이라며 별다른 고민 없이 야영지로 출발했다. 1박 2일 동안의 짧은 야영이었지만, 지금까지 기억 속에 또렷이 남아 있는 이유는 처음 오른 산에서의 추억 때문이다.

새벽 4시, 텐트에서 자고 있던 우리를 깨운 선생님의 인솔 아래 약 한 시간을 걸어서 필봉의 정상에 도착했다. 그곳에서 우리가 경험한 것은 처음으로 보는 일출이었다. 바다로 둘러싸인 부산에서 태어나고 자랐기에 수평선 너머 해가 떠오르는 것은 한 번씩 보곤 했었다. 하지만 산에서 일출을 보는 것은 처음이었다. 말그대로 장관이었다. 저 멀리 아스라이 떠오르는 해를 보니 일찍 일어난 피곤함과 한 시간 동안 산을 타느라 느낀 괴로움이 눈 녹듯이 사라져 버렸다. 저절로 힐링이 되는 기분이었다. '사람들이 이래서 산에 오르는구나'라며 감탄했다.

그 이후 좀처럼 산에 갈 기회를 갖지 못했다. 대학 입학 후, 활발히 활동하던 동아리에서 여름방학을 맞아 몇몇 선배를 필두로 지리산 종주를 할 것이라는 얘기를 들었다. 너무나 참여하고 싶었지만 군 입대를 앞두고 아르바이트를 하고 있던 터라 참여하지 못했다. 산에 가지 못하는 아쉬움을 뒤로하고 군에 입대했다.

시간이 흘러 2003년 11월, 전역을 한 달 앞두고 마지막 휴가를 나왔다. 그때 지리산 종주를 하기로 결심했다. 마침 복학을 기다리고 있던 친한 동생과 함께 무작정 지리산행 버스에 올랐다. 뱀사골 입구에서 출발해 지리산을 종주하는 코스였다. 전역을 앞둔 들뜬 마음을 안고 잘 통하는 동생과 호젓하게 산행을 하는 자유로움은 무엇에 비할 바가 아니었다. 2박 3일 종주의 하이라이트인 마지막 날, 일출을 보기 위해 천왕봉에 올랐다. 그러나 갑작스레 나빠진 날씨로 일출은 보지 못했다. 그래도 아직까지 기억에 남아 있는 멋진 산행이었다. '언젠가 지리산 일출을 보러 다시 와야겠다'라고 다짐하며 아쉬운 발걸음을 돌렸다.

이후 복학해 학업에 열중하고 취업에 신경 쓰느라 좀처럼 산에 갈 기회가 없었다. 취업한 뒤 열심히 근무하던 4월의 어느 날, 부서 내부에서 지리산 종주를 간다는 소문이 돌았다. 5월 1일은 근로자의 날인데 마침 금요일이라 별도 휴가를 사용하지 않고도 2박 3일 종주가 가능했기 때문이다. 나는 한 치의 망설임도 없이 산행에 참여하겠다고 신청했다. 이번에는 반드시 일출을 볼 것이라 다짐하며 다시 한 번 지리산 종주에 도전했다.

5월의 신록은 눈부시게 아름다웠다. 때마침 날씨도 청명할 것이라는 일기예보가 있어, 함께 오른 20여 명의 부서원들은 다들 들떠서 산행을 즐겼다. 얼마 뒤 일출을 보기 위해 마지막으로 머무를 장터목산장에 무사히 도착했다. 일출을 볼 것이라는 기대 속에 마지막 밤을 보내고, 새벽 4시부터 천왕봉에 오르기 시작했다. 1시간 30분 정도 올라 천왕봉에 도착해 해가 떠오르기만을 기다렸다.

다행히 날씨가 좋아 지리산 일출을 처음부터 끝까지 볼 수 있었다. 옆에서 누군가 '3대가 덕을 쌓아야 지리산 일출을 볼 수 있다'라는 말이 있다며 정말 운이 좋다고 강조했다. 나 역시 조상님께 감사하다는 말이 저절로 나왔다.

이후 2~3년에 한 번씩 지리산 종주를 했다. 2박 3일 동안 함께 다녀온 분들과는 지금도 꾸준히 연락을 하고 가끔 모여서 산행했을 때의 추억을 안주 삼아 이야기꽃을 피우곤 한다. 짧은 시간이었지만 함께했던 소중한 추억을 공유하고 있기 때문이다.

2014년 지금의 아내를 만나 가정을 이루었고, 작년에는 아이도 태어났다. 나는 가족과 함께 만들 보물지도를 찾기 위해 계속 고민했다. 나는 매일 아침 출근길에 신문을 읽는다. 그중에서 특별한 사연을 가지고 있는 일반인들을 소개하는 '사람동정'이라는 지면을 좋아한다. 200여 권의 책을 쓰고, 5년 동안 600여 명의 책 쓰기 멘토가 된 〈한책협〉의 천재작가 김태광 코치를 만나면서 책 쓰기를 결심하게 되고, 나도 언젠가는 꼭 그 지면에 나오고 싶다는 생각에 더 끌리는지도 모른다.

최근 가장 기억에 남는 기사는 우리나라 17개 국립공원의 일출을 사진에 담은 4명의 중년 남성들의 이야기였다. 그들은 사진을 찍기 위해 같은 산을 수십여 차례 오르기도 했고, 막상 올라갔지만 갑작스런 날씨 변화로 허탕을 치는 경우도 많았다고 한다. 하지만 뚝심 있게 꾸준히 도전해 모든 국립공원의 일출을 촬영했다. 그리고 이 사진들을 전시해 그 수익금을 루게릭요양병원 건립에 기부한다는 훈훈한 소식이었다. 그 기사를 보는 순간 '이거다!'라는 느낌이 왔다. 우리 가족에게 또 하나의 보물지도가 생긴 것이다. 보물 같은 아들, 아내와 함께할 보물지도를 찾았다.

국립공원이란, 국토의 대표적 경승지를 골라 국민의 보건·휴양 및 정서생활의 향상에 기여할 목적으로 국가가 지정·관리하는 공원이다. 1967년 12월 29일 우리나라 최초로 '지리산 국립공원'이 지정된 이후 약 50년이 흐른 2016년, 환경부는 22번째 국립공원으로 태백산을 지정했다. 우리나라의 국립공원은 자연 경치를 대상으로 한 지역, 해양을 대상으로 한 지역, 고적지를 대상으로 한 지역 등으로 나눌 수 있으며, 총 22곳의 국립공원 중 17곳이 산이다.

나의 두 번째 보물지도는 매년 2곳 이상의 국립공원에서 가족이 함께 일출을 보는 것이다. 이것은 내 아들 해담이가 초등학교 3학년이 되는 2024년부터 2033년까지 약 10여 년 동안 진행될 것이다. 기본 전제는 물론 '가족의 건강'이다. 그러나 무엇보다도 가족이 함께 의미 있는 일을 하고 그에 대한 기록을 책으로 출간하는 것이 목표다. 단순히 산에 오르는 것만이 아니라 그 산이 있는 지역의 역사, 특징, 변화된 모습 등을 공부하고 함께 토론할 것이다. 그렇게 채워지는 앨범과 기록을 보며 가족 모두가 보다 성숙해지고 돈독해지는 가족 관계를 만들 것이다.

주위를 둘러보면 아이들이 사춘기를 겪으며 부모와의 관계가 다소 소원해지는 경우를 종종 보게 된다. 또래와 어울리는 것을 말릴 수는 없겠지만, 같이 산을 오른다는 보물지도가 있다면 가족과의 돈독한 관계를 지킬 수 있을 것이다. 해담이가 먼저 해당 지역에 대해 공부하고, 엄마 아빠와 내용을 공유하고 함께 산에 오를 생각을 하는 것만으로도 굉장히 설레고 흥분된다. 하루빨리 해담이가 커서 "아빠, 빨리 산에 가요!"라고 말하며 손을 잡아 끄는 모습을 상상하면 마음이 벅차오른다. 곧 다가올 행복한 미래를 기대하며 내 인생의 보물지도를 준비해 본다.

가족이 다 함께
전국체전 출전하기

MBC의 간판 예능 프로그램 〈무한도전〉은 많은 사람들이 좋아하는 인기 프로그램이다. 하루가 다르게 변화하는 방송 환경에서 굳건히 1위를 지키며 10년 이상 꾸준히 방송되고 있다. 최근에는 500회를 맞아 특집 방송을 했다. 지금까지 방송된 특집 중 기억에 남는 장소를 찾아가 게임을 하며 추억하는 내용이었다. '장기 프로젝트'로 진행되었던 레슬링, 조정, 에어로빅, 댄스스포츠 등 목표를 갖고 오랜 시간 노력한 특집들이 주를 이루었다. 그들이 다른 특집들보다 장기 프로젝트들을 더 기억하고 있는 것은 함께 목표를 향해 뛰는 동안 힘들었지만 그래서 더욱 달콤한 추억으로 남았기 때문이 아닐까 싶다.

나도 2005년 입사 이후 한 직장에서 10여 년의 시간을 보냈다. 〈무한도전〉과 마찬가지로 지난 시간 동안 가장 기억에 남는 것이 무엇인지 스스로에게 물어보았다. 입사에 성공한 것, 능력을 인정받아 승진한 것, 업무 성과로 인해 좋은 고과를 받은 것 등 많은 일이 머릿속을 스쳐 지나갔다. 그중 가장 기억에 남는 것은 2008년 미국 리먼 브라더스 사태로 야기된 금융위기로 인해 약 6개월 동안 거의 매일 밤을 새우며 근무했던 일이다.

당시 나는 중소기업 담당 마케팅 업무를 하고 있었다. 금융위기가 닥치자 경기에 민감한 중소기업들은 소프트웨어 구입을 망설였다. 그들을 대상으로 마케팅을 진행하던 우리 팀은 이 위기 속에서 성공적인 마케팅 대안을 내놓아야 했다. 특히 팀장님이 내부 사정으로 인해 다른 팀의 업무에 더 신경을 써야 했기에 남겨진 팀원들은 어미 잃은 새끼오리처럼 우왕좌왕하며 갈피를 잡지 못했다. 그럼에도 불구하고 우리 팀은 하나로 뭉쳐 마케팅 계획을 세웠다. 우리 팀은 일종의 비상대책위원회처럼 긴박하게 운영되기 시작했다.

먼저 팀원들 스스로 경각심을 가졌다. 영업이 잘되도록 도와주는 마케팅에서 나아가 영업을 이끌어 나가는 마케팅 계획을 세우기로 했다. 그전에는 본사에서 나오는 프로그램을 한국 실정에 맞게 수정해 배포하거나 기본적인 할인 프로그램 등의 마케팅 활동만 했다. 하지만 이제부터는 고객과 영업사원의 목소리를 듣고 그들이 원하는 마케팅 활동을 진행하기로 했다. 물론 이 모든 것이 쉽지 않았다. 기존에 진행하던 업무 방식을 완전히 바꿔야 했다. 근무시간 내에 모든 것을 처리할 수 없어 자정을 넘기기 일쑤였다. 그렇게 시작된 연장 근무는 6개월 정도 지속되었다.

그동안 다른 팀이나 윗분들이 요청하는 마케팅 프로그램을 즉각 만들어 내지 못해 불평을 수도 없이 받았다. 근무시간 이후에도 회의실에 모여 마케팅 프로그램을 만들어야 하는 상황이 견딜 수 없을 만큼 괴로웠다. 하지만 시간이 흘러 어느 정도 업무가 안정화되자 더 이상 야근을 하지 않고 일상적인 업무로 돌아올 수 있었다. 그때는 '과연 내가 버틸 수 있을까?', '그냥 지금이라도 당장 그만두는 것이 좋지 않을까?', '왜 우리 팀만 이렇게 고생하는 걸까?' 하는 생각에 많이 힘들었다. 하지만 돌이켜 보면 그런 힘든 시간이 있었기에 좀 더 많이 배우고 성숙해질 수 있었다. 지금도 그 당시 임시 팀장을 지냈던 회사 선배와 그때의 추억을 떠올리며 종종 수다를 떨기도 한다.

2014년 지금의 아내를 만나 결혼하고, 2015년 아이까지 생기면서 처음으로 나의 가정을 이루었다. 부모님의 아들로 태어나 학창시절, 사회생활을 거치고 또 다른 인생이 시작된 것이다. 결혼 초만 해도 30여 년을 다른 환경에서 살아왔기에 사소한 다툼이 많았다. 화장실 청소를 누가 할 것인지, 청소는 일주일에 몇 번 할 것인지, 요리와 설거지는 누가 할 것인지 등등 사소해 보이지만 누구나 고민하고 해결해야 하는 일들이었다. 작은 갈등도 있었지만 우리는 대화를 통해서 서로 양보하고 배려하며 해결해 왔다.

하지만 아이가 태어나고 나니 완전히 다른 문제였다. 처음 키워 보는 아기인 만큼 신혼 때보다 많은 갈등과 어려움이 있었다. 시간이 지나면서 나아지긴 했지만 여전히 많은 부분에서 다툼이 생겼다. 이러한 과정을 겪으며 아내와 한 가지 약속을 했다. 아무리 힘들고 괴로워도 서로가 공통으로 정한 목표를 이루기 위해 믿고 의지하자는 것이다. 가장 작은 단위의 공동체인 가족에서 모든 것이 시작된다고 생각하고, 이를 우리의 소중한 축복인 아들과 함께 나누고 싶기 때문이다.

그래서 선택한 것이 함께 운동을 하는 것이다. 많은 전문가들은 운동을 하면 좋은 점으로 다음 일곱 가지를 꼽는다.

첫째, 피부가 깨끗해진다. 근육 운동은 피부에 수분을 흡수시켜 모공세포를 촉촉하게 만든다고 한다. 또한 피지로 막혀 있던 모공이 땀에 씻겨 윤기가 나게 된다.

둘째, 감기에 잘 걸리지 않는다. 운동을 하게 되면 기공이 열려 체내의 기가 땀과 함께 몸 밖으로 나가며, 근력을 키우고 항체를 더욱 튼튼하게 만들어 면역력을 길러 주기 때문이다.

셋째, 노폐물을 배출해 준다. 운동을 하면 땀이 나면서 수분이 몸 밖으로 배출되는데, 이때 몸에 쌓여 있던 노폐물이 함께 나간다.

넷째, 뇌를 활성화시켜 준다. 운동은 몸을 활성화시켜 오전 시간대를 좀 더 활기차게 해 준다. 또한 혈액의 흐름이 원활해지고 산소 유입량이 늘어 뇌가 활성화된다.

다섯째, 심장을 강화시켜 준다. 운동 시 심장박동이 빨라지면서 혈관에 탄력이 생긴다. 꾸준한 운동으로 심장을 강화시켜 주면 면역력이 올라가 성인병을 예방하며 스트레스 해소에 도움이 된다.

여섯째, 자신감이 상승한다. 특히 아이들이 태권도, 축구, 농구 등 운동을 어느 정도 익히게 되면 그렇지 않은 학생보다 보편적으로 활달하고 자신감 있게 행동하는 것을 볼 수 있다.

일곱째, 기분을 좋게 해 준다. 운동을 꾸준히 하면 근육의 양이 늘어나는데 근육이 많을수록 체내에서 엔도르핀이 많이 분비되어 기분이 좀 더 편안해진다.

이렇게 많은 장점을 가진 운동을 가족이 다 같이 즐긴다면 더욱 화목하고 활기찬 가정을 만들 수 있을 것이다. 그리고 그냥 운동을 하는 것보다는 목표를 세우는 것이 더 의미 있을 것이라 생각된다. 그래서 전국체전 참여를 꿈꾸게 되었다. 나는 가족이 전국체전에 참가한 사례가 있는지 찾아보았다. 아니나 다를까, 전국체전에 출전한 부부, 형제, 자매, 부자, 부녀가 꽤 많았다. 하지만 부모와 자식이 함께 참여한 사례는 찾지 못했다. 이거다. 최초로

부모와 자식이 전국체전에 참여하는 기록을 남기는 것이다.

아직 종목을 정하지도 못했고, 정말로 참가할 수 있을지 미심쩍다. 하지만 공통의 목표를 갖는 것은 꼭 필요하다고 생각한다. 매년, 매 분기, 매달 전체 로드맵을 그리고 보물지도를 공유할 것이다. 단순히 부모이기 때문에 베풀고 자식이기 때문에 받는 것이 아니라, 한 가족의 일원으로서 믿고 의지하며 협력하는 사이가 되고 싶다. 누구에게나 각자의 보물지도가 있겠지만, 가족이 함께 그리는 보물지도는 흔치 않을 것이다. 그렇기 때문에 더 의미 있는 일이다.

우리 가족의 보물지도에 대해 이야기를 나누고, 공통의 목표를 꿈꾸는 모습을 상상하는 것만으로도 저절로 미소가 떠오른다. 이제는 실천할 때다. 꾸준한 대화와 노력을 통해 우리 가족의 보물지도가 완성될 것이라 믿는다.

가족과 함께
1년간 세계일주 하기

누구나 한 번쯤 꿈꾸는 희망이 세계일주다. 나 역시 그랬다. 스물여섯 살에 직장생활을 시작하면서, 서른 살까지 열심히 일해 돈을 모아 과감하게 사표를 낸 뒤 1년 동안 세계일주를 할 것이라 굳게 다짐했다. 하지만 계획대로 되지 않는 것이 인생이라고 했던가. 여러 사정 때문에 꿈을 이루지 못했다. 하지만 그 꿈은 가슴 속 한구석에 자리 잡고 있었다.

2015년 10월의 어느 주말 저녁이었다. 9월에 태어난 첫아이가 드디어 낮과 밤을 가리기 시작해 밤 9시 전에 잠이 들었다. 오랜만에 찾아온 여유를 어떻게 즐길까 고민했다. 먼저 시원한 맥주를 마시며 TV를 켰다. 아내와 난 홀린 듯이 추천 프로그램 리스트에 있던 tvN의 〈꽃보다 청춘-페루 편〉을 선택했다. 거기에 출연하는 가수들을 원래 좋아했었고, 페루라는 낯선 나라에 대한 호기심이 컸기 때문이다.

프로그램 설명을 위해 마련된 점심 식사 자리인 줄 알고 가벼운 옷차림으로 모였던 출연진은 얼떨결에 그날 바로 비행기를 타게 된다. 이동하면서 PD에게 듣게 된 그들의 최종 목적지는 마추픽추였다. 다소 황당한 출발이었지만 긍정적으로 생각하며 일주일간의 여정을 함께하는 그들의 모습에 우리 부부는 자연스럽게 빠져들었다. 그리고 주말 내내 모든 에피소드를 시청했다.

프로그램 시청의 여운은 생각보다 크게 다가왔다. 우리는 누가 먼저라 할 것도 없이 남미로 가는 비행기를 검색해 바로 결제했다. 다소 무모할 수도 있지만, 평소 여행을 즐기고 새로운 세계에 대한 동경이 있었기에 가능한 일이었다.

우리 부부는 2016년 7월, 남미의 페루와 볼리비아에 다녀왔다. 긴 비행시간에다가 한국과는 반대인 날씨 탓에 쉽지 않은 여행이었다. 하지만 지금껏 가 보지 못했던 곳이었기에 경치를 구경하는 것만으로도 충분히 가치가 있었다. 그 여행 이후, 가슴속 한 구석에 품어 왔던 세계일주라는 꿈이 가끔씩 생각나기 시작했다.

그렇게 막연히 꿈을 꾸면서 보다 나은 가장이 되기 위해 고민하던 중 나는 〈한책협〉의 김태광 코치를 만나게 되었다. 그는 20여 년간 200여 권의 책을 저술하고 600여 명의 작가를 배출한 책 쓰기 코치로, 이 시대의 진정한 동기부여가이자 자기계발 전문가다. 김태광 코치는 "성공해서 책을 쓰는 것이 아니라 책을 써서 성공하는 것이다."라며 책 쓰기를 권장한다. 자신이 가진 지식과 경험을 책으로 쓰면 개인적으로뿐만 아니라 사회적으로도 유용한 지적 자산이 된다는 것이다. 그는 또한 직장생활의 굴레에서 벗어나 진정한 메신저로서의 삶을 살 것을 유도한다. 나 역시 그러한 꿈을 꾸고 있다. 책을 씀으로써 진정으로 내가 하고 싶은 일을 찾고 싶다. 그렇게 만든 시스템과 책으로 얻어지는 인세 등의 수입은 내 인생을 보다 풍요롭게 만들 것이다.

무엇보다도 그렇게 얻은 자유를 통해 온 가족이 하고 싶은 일이 있다. 바로 가족 세계일주다. 직장인으로서는 상상도 할 수 없는 일이다. 직장은 어떻게 할 것이며, 여행을 위한 비용은 어떻게 마련할 것이며, 여행을 다녀와서는 무엇을 해야 할 것인지 등 짧은 여행을 다녀오는 것과는 차원이 다르다. 하지만 김태광 코치를 만나면서 나도 할 수 있다는 생각을 가지게 되었다. 더 큰 꿈을 꾸게 되었기 때문이다. 그리고 상상을 하는 것만으로도 지금 괴로운 것도 가볍게 넘길 수 있게 되었다.

나는 아들이 중학교 1학년이 되는 2028년에 가족과 함께 보물지도를 체험하러 갈 예정이다. 앞으로 약 12년의 준비기간이 남았다. 이 기간 동안 1년간 세계일주를 다녀오기 위한 경제적 기반을 마련해야 한다. 10억 원 정도가 필요할 것이다. 나는 지난 10여 년간 직장생활을 하면서 돈을 많이 모으지 못했다. 그리고 앞으로의 10년 동안 똑같이 직장생활을 해서는 절대 10억 원을 모을 수 없다는 것을 알고 있다. 물론 주식이나 부동산 같은 재테크 수단을 통해 모으는 방법도 있다. 하지만 주위를 보니 둘 중 하나에 빠지면 헤어 나오는 것이 쉽지 않아 보였다. 본업에 충실하지 못한 채 주가 변동만 계속 확인하고, 투자한 부동산은 그만한 가치가 있는지 끊임없이 정보를 확인하는 등 쓸데없는 곳에 신경을 많이 쓰게 되기 때문이다.

그래서 선택한 것이 김태광 코치가 강조한 책 쓰기다. 자기계발도 하면서 강연 활동, 칼럼 기고, 컨설팅, 1인 기업가의 활동 기반이 되는 책 쓰기로 성공에 다가설 것이다. 나는 직장인의 삶에서 벗어나 경제적으로나 시간적으로나 보다 나은 자유를 누리며 주도적 삶을 사는, 퍼스널 브랜딩을 갖춘 1인 기업가가 될 것이다.

요즘 나는 '나도 그렇게 될 수 있을까?'라는 걱정보다 '나라고 왜 못해?'라는 확신을 갖고 산다. 그러자 사는 것이 즐거워졌다. 학창시절 이후 사회생활을 하며 스스로에게 가장 많이 던진 질문 중 하나가 '과연 나는 하고 싶은 일을 하고 있는가?'였다. 내가 원하는 것보다 남들이 볼 때 괜찮은 직장, 적당한 월급을 선택한 것이 사실이다. 하지만 아내를 만나 결혼하고 아이를 키우며 많은 부분을 다시 생각하게 되었다.

'내가 이 가정을 책임질 수 있을까?', '그러기 위해서는 어떻게 해야 할까?'라는 고민을 김태광 코치에게 털어놓았다. 그는 "책을 쓰세요. 내가 목숨 걸고 도와줄게. 믿고 따라오세요."라는 세 마디로 내 가슴을 울렸다. 물론 스스로 알아서 해야 할 일이 많은 것이 사실이고, 그 과정이 만만치 않을 것이다. 하지만 이렇게 가슴 뛰는 일은 실로 오랜만이다. 나와 가족의 보다 멋진 미래를 상상하는 것만으로도 흥분된다.

이제야 나는 우리 가족이 함께 탐험할 보물지도를 찾았다. 모두가 머리를 맞대고 함께하는 상상을 해 본다. "아빠는 우선 광활한 자연환경이 있는 아프리카의 케냐 국립공원을 가 볼 거야.", "엄마는 동유럽의 부다페스트 카페에 가고 싶어.", "저는 교과서에서만 보았던 아이슬란드의 오로라를 실제로 보고 싶어요."라며 각자의 보물지도를 서로 공유하고 이야기를 나누는 모습을 상상하는 것만으로도 흐뭇하다.

많은 사람들이 자신의 내면에 거인이 잠들어 있다는 것을 모른다. 알면서도 현실 때문에 거인을 깨우지 못하고 살아가는 사람도 있다. 나는 그러한 틀에 얽매이지 않고, 스스로 더 나은 사람이 되기 위해 노력할 것이다. 10년 뒤의 목표는 아득하게만 느껴진다. 10년 계획을 쪼개어 이번 달에, 분기에, 반기에, 매년 해야 하는 일들로 나누고 있다. 아직 완성되지는 않았지만 보다 세세하게 계획을 세운다면 목표가 실현되는 가까운 길이 열릴 것이다. 즉, 보물지도를 찾으러 한 걸음씩 나아가는 것이다. 물론 나 스스로가 보물지도를 찾아가는 과정을 보여 주어야 한다.

나는 가족과 함께하는 세계일주를 목표로 세웠다. 이를 실현하기 위해 책을 쓰고, 칼럼을 기고하고, 강연을 하며, 컨설팅을 하는 보물지도를 한 단계씩 차근차근 밟아 갈 것이다. 내 인생의 보물지도 찾기는 이제 막 시작되었다.

PART 7

말로써
희망을 전하는
대한민국
최고의 메신저

김용일

김용일 ♪

삼성 라이온즈 아나운서, 이벤트·방송 MC, 대학교수, 전문 강사, '드래곤 엔터테인먼트', '웨딩엔' 대표

프로스포츠 응원단장에서 시작해 현재는 야구, 농구, 배구단의 장내 아나운서로서 대한민국 프로 스포츠 분야 전문 MC이자 아나운서로 활동하고 있다. 대학에서 레크리에이션과 스포츠마케팅을 가르치고 있고 기업과 관공서에서 특강 전문 강사로도 활동 중이다. 이벤트기획사인 '드래곤 엔터테인먼트'와 웨딩 전문 업체인 '웨딩엔'을 운영하고 있다. 책 쓰기를 통한 성공학 코치와 동기부여 가를 꿈꾸며 최고의 메신저로서의 삶을 살고자 한다.

E-mail kyi8943@naver.com
Blog http://blog.naver.com/weddingnmc

베스트셀러 작가,
대한민국 인기 명강사 되기

2015년 기준 대한민국 성인 평균 독서량은 1년에 9권 정도라고 한다. 한 달에 한 권도 읽지 않는 셈이다. 스마트폰의 발달로 여러 매체를 쉽게 접할 수 있고, 책과 관련된 내용도 SNS 검색만으로 알 수 있는 세상이다. 활자로 된 책을 읽는 사람이 줄어드는 것은 당연한 일이다.

나는 서점을 자주 찾는 편이다. 책을 읽고 구매하는 것이 쇼핑하는 것보다 더 재미있다. 새벽에 일어나 책상 앞에 앉아 서재를 바라보고 있으면, 꽉 채워진 책장에 먼저 눈길이 간다. 든든하게 식량을 채워 놓은 느낌에 먹지 않아도 배부르다. 사실 책 읽는 것을 누구보다 싫어했고 책은 그냥 책장에 꽂아 두는 장식품쯤으로 생각했던 나였는데, 이제는 인터넷을 통해 책을 주문할 때가 가장 기쁘다.

나는 1년 기준으로 40권 정도 책을 읽는다. 예전에는 화장실에 갈 때 스마트폰을 들고 갔었는데 요즘은 책을 들고 간다. 출근이나 외출 시에도 가방에 2권의 책을 넣고 다닌다. 혹시 생길지도 모를 여유시간을 허무하게 보내지 않기 위한 나만의 습관이다. 자연스럽게 내 몸이 반응을 하고 습관으로 굳어졌다. 이제는 책이 없으면 허전하기까지 하다.

"사람이 책을 만들고 책이 사람을 만든다."라는 문구를 볼 때마다 나에게 주는 메시지처럼 강한 자극을 받는다. 책도 계속 읽다 보면 중독된다. 책의 리듬에 맞게 일상이 바뀌는 것이다. 조금씩 발전하고 있는 스스로의 모습에 만족스럽다.

얼마 전 《서른여덟 작가, 코치, 강연가로 50억 자산가가 되다》라는 책을 읽고 엄청난 충격을 받았다. 저자인 김태광 작가를 통해 삶의 새로운 도전과 목표를 가지게 되었다.

'그래, 책 읽는 독자에서 책을 쓰는 저자로 신분을 바꾸자!'

당장 김태광 작가를 만나서 책 쓰기에 대한 모든 것을 배우고 싶다는 생각이 들었다. 가슴이 끓어오르는 것이 느껴졌다. 머릿속에는 '현재의 일에 충실하면서 작가 김용일의 인생을 스스로 준비하자', '한 번뿐인 내 인생, 내가 만들어 간다'라는 생각만이 가득했다.

사람은 참 단순하다. 수많은 베스트셀러들을 읽으면서도 그냥 감동을 받는 것으로 끝나고 만다. '나도 베스트셀러 작가가 되어야지'라는 생각은 왜 못하는 것일까. 막연히 남의 일로만 느껴지고 겁부터 나기 때문이다. 누구나 베스트셀러 작가로 타고나는 것은 아니다. 물론 작가가 꿈이라서 어릴 적부터 글을 쓰는 사람도 있겠지만 살아가면서 자신의 이야기와 생각을 책에 담아 세상을 향해 말하고자 하는 사람도 많다. 나 또한 책을 읽으면서 그런 생각을 가졌고 지금 책을 쓰고 있다. 꼭 베스트셀러 작가가 되지 않아도 책을 쓰면서 세상을 배우고 모든 이치를 연구할 수 있기 때문이다.

대한민국은 지금 강사 전성시대다. 학자, 교수만의 전유물로 여겨졌던 강의가 이제는 연예인, 정치인, 스포츠스타 등 다양한 분야의 전문가나 유명인들이 자신의 경험과 성공담을 이야기하는 장으로 변모했다. 강사들이 나와서 강의하는 TV 프로그램도 많이 생겼다. 그렇다면 왜 강사가 넘쳐 나는 것일까?

자기계발 열풍에 편승해 지식에 대한 목마름을 채우려는 욕구가 이유가 될 수 있다. 평생 해 온 일을 바탕으로 강의 프로그램을 만들고 수익을 창출하는 방법만 가르쳐도 어마어마한 수입을 올릴 수 있다. 그래서 부자를 꿈꾸는 사람이라면 누구나 강사를 꿈꾼다. 나 역시 마찬가지다.

나는 MC이자 전문 강사다. 현재 대학에서 학생들을 가르치고 있다. 뿐만 아니라 기업체, 관공서, 복지재단 등 여러 곳에서 행복과 즐거움을 전하고자 강의를 하고 있다. MC로는 유명하지만 강사로서의 인지도는 아직까지 미미하다. 그래서 박사학위를 취득하기 위해 논문을 쓰고 있으며 개인저서도 집필 중이다. 나를 홍보할 수 있는 수단이 나의 몸값을 높여 주기 때문이다. 특히 개인저서는 강사의 기본이다. 자기 분야의 전문가라고 인정받는 것이기 때문이다. 학위논문도 학자로서 인정받는 수단이지만 일반인들이 논문을 자주 읽지는 않는다. 그래서 개인저서의 유무는 강사로서의 자질을 가늠할 수 있는 척도다.

나는 강사로서의 역량을 키우고자 세미나, 강좌, 아카데미 등 여러 프로그램을 이수하고 인맥도 키워 나가고 있다. 인기와 명성을 갖춘 대한민국의 명강사가 나의 목표다. MC도 재미있고 매력적인 일이지만 최종 목표는 대한민국 최고의 강사다.

어느 지역의 축제에 MC로 간 적이 있다. 전국 각지에서 수많은 인파가 몰려들었다. 인기가수의 공연과 자주 볼 수 없는 특별 공연 프로그램이 많았다. 이럴 때 MC의 매끄러운 진행이 축제의 성패를 좌우한다고 해도 과언이 아니다. 그만큼 MC의 비중이 크다. 하지만 사람들의 생각은 그게 아니다.

"MC 저거 진짜 웃기네.", "저 자슥 말 참 잘하네."라고 가볍게 말하는 사람들이 많다. 행사를 총괄하는 이벤트 대행사 관계자들도 "야, MC! 분위기 좀 띄워 봐!"라고 말하며, 심지어 축제를 주관하는 공무원들도 "어이, 사회자! 똑바로 해라."라면서 엉덩이를 툭툭 친다. 분명히 기분은 좋다. 잘한다고 인정받는 것도 좋다. 그렇지만 씁쓸한 마음이 드는 건 왜일까?

기업체 워크숍에 초청되어 '조직을 이끄는 커뮤니케이션 리더십'이라는 주제로 강의를 하러 간 적이 있다. 제주도라서 비행기를 타고 이동해야 했다. 공항에 도착하면서부터 놀라움이 시작되었다. 강사님이 오신다고 담당자가 픽업을 나온 것이다. 에쿠스 차량으로 말이다. 강연장에 도착한 뒤 기업체 대표이사와 함께 특급 요리로 저녁 식사를 했다. 강사 대기실도 마련되어 있어서 편하게 강의를 준비할 수 있었다. 나보다 훨씬 나이가 많은 분들도 강의가 끝났을 때 "강사님, 오늘 강의 너무 재미있고 감동이었습니다."라며 깍듯이 인사하셨다.

위의 두 사례에서 보듯이 MC와 강사를 대하는 사람들의 태도에는 차이가 있다. 물론 나만 그렇게 느끼는 것일 수 있다. 절대 MC를 비하하는 게 아니다. 대접의 차이가 명강사가 되고자 하는 이유의 전부는 아니며 나를 통해 영향력이 전해지는 면에 있어서 강사가 훨씬 매력적으로 느껴지기 때문이다.

대중 앞에 선다는 것은 결코 쉬운 일이 아니다. 프로그램을 원활하게 이끌어 가야 하고, 자신의 영향력을 바탕으로 대중의 삶에 변화가 생기도록 지식과 지혜를 끊임없이 연마해야 한다. 이런 요소들을 갖춘 자에게만 대중 앞에 당당하게 설 자격이 주어진다.

세상에는 잘난 사람들이 너무 많다. 나란 존재를 드러내기에는 나의 역량은 너무나도 부족하다. 요즘 시대에 생존하려면 자신만의 비밀병기가 있어야 된다. 그것이 부와 명예를 가져다준다. 비밀병기를 갈고닦아 책을 쓰고 강연한다면 진정한 자아실현을 이룰 수 있다.

똑같이 주어진 시간 속에, 우리는 너무나도 다른 인생을 살고 있다. 성격과 능력의 문제가 아니다. 바로 자신의 뜻을 이루겠다는 마음가짐의 문제다. 한 번뿐인 소중한 삶 속에서 책을 통해 자신만의 스토리를 나누고 강연을 통해 세상에 소리친다면 아름다운 인생을 산다고 할 수 있지 않을까.

라디오 DJ, TV 토크쇼
진행자로 거듭나기

가끔 새벽에 라디오를 켜면 어느 채널에서든지 여자 DJ의 차분한 목소리를 들을 수 있다. 아침 출근시간 때는 상쾌하고 활기찬 느낌을 전하는 톡톡 튀는 DJ, 오후에는 세상만사 다양한 이야기를 풀어내는 친근한 분위기의 DJ, 밤에는 포근하고 편안한 목소리의 DJ를 만날 수 있다.

사람의 목소리는 엄청난 힘을 가지고 있다. 전화 통화만으로도 상대방의 기분, 현재 상태를 느낄 수 있다. 보이진 않지만 목소리가 사람의 모든 것을 표현하기 때문이다. 지금도 우리는 생각과 마음을 전하고자 수많은 목소리를 쏟아 내고 있다.

나는 스무 살부터 이벤트 일을 시작했다. 정확히 말하면 이벤트회사 소속의 댄스팀 멤버로 활동했다. 그 인연으로 지금까지 이벤트 MC, 방송 MC, TV 리포터, 대학 강사, 기업 강사 등 마이크와 연관된 일을 하고 있다. 마이크를 들고 수많은 관객 앞에 선다는 것은 쉬운 일이 아니다. 아직도 떨리고 긴장된다. 그러나 행사나 강의가 시작되면 일사천리, 구구절절, 청산유수로 술술 말이 나온다. 1만 시간의 법칙처럼 한 분야에 10년 이상 종사했으면 전문가라고 했던가. 물론 전국 팔도를 다 돌아다니면서 여러 MC들을 만나고 배우며 노력했지만 막상 전문가라고 지칭하기엔 부족한 점이 많다.

행사를 진행할 때 나의 강점은 사전 분위기를 짚어 현장을 파악하는 능력이 뛰어나다는 것이다. 또한 관객들 가운데 끼와 재능이 넘치는 사람을 쉽게 찾아낸다. 이런 요소들을 적용해서 행사를 이끌어 가기 때문에 진행이 매끄럽다. 뿐만 아니라 다양한 분야의 책을 섭렵하면서 차곡차곡 쌓은 내공을 통해 진한 감동을 주면서 행사를 마무리하는 것이 나만의 특징이다. 이런 강점으로 인해 섭외 1순위 MC로 여유롭게 활동하고 있다.

라디오 DJ로는 활동해 본 적이 없다. 현장에서 진행을 배우며 이벤트 MC로 성장했기에 당연히 TV나 라디오 방송은 익숙하지 않다. 일찍 방송에 눈을 뜨지 못한 것이 후회된다. 가끔 TV를 통해 라디오 부스를 보게 될 때면 내가 그 자리에 앉아 있는 모습을 떠올린다. 부스 밖 담당 PD의 지휘 아래 DJ는 편지도 읽고 음악도 들려주며 여러 가지 정보도 안내한다. 오로지 목소리를 통해서 말이다.

나는 MBC FM 〈최유라, 박수홍의 지금은 라디오 시대〉를 자주 듣는다. DJ들은 일상에서 일어나는 독특한 사연들이 담긴 청취자들의 편지를 맛깔스럽게 읽어 준다. 남자 DJ는 매번 바뀌었지만 최유라 씨는 쭉 자리를 지키고 있다. 그 이유는 바로 목소리에 있다. 다양한 목소리 톤과 감정으로 구구절절한 사연을 누구보다 잘 전달하기 때문이다. 그녀의 목소리에 청취자들은 편지 내용이 마치 자신의 일인 양 공감하면서 울고 웃는다. 나 역시도 운전하면서 라디오를 듣다가 혼자 배를 잡고 웃거나 쉴 새 없이 눈물을 흘리기도 했다.

나를 감동시킨 또 한 명의 DJ는 대한민국의 낳은 최고의 팝 아티스트 배철수 씨다. 저녁 6시, 테마음악과 함께 방송이 시작되면 그만의 특유한 저음이 전파를 타고 흘러나온다. 여러 개그맨과 방송인들이 그의 성대모사를 하는 이유는 그만의 목소리가 사람들의 뇌리 속에 박혀 있기 때문이다. 그만큼 감성을 자극하는 매력적인 목소리다. 게다가 해박한 팝 지식으로 청취자에게 어필함으로써 수십 년 동안 DJ 자리를 지키고 있다.

나는 사람들에게 영향력을 발휘하는 메신저다. 지금까지 쌓아온 경험과 지식 그리고 지혜를 직접적으로 가르치며 전하고 있다. 이제는 나만의 또 다른 느낌을 그려 낸 라디오 프로그램을 통해

DJ로서 색다른 영향력을 펼치고 싶다. 목소리만큼은 잘 다져 왔다고 생각한다. 내 목소리에 감동하고 만족을 느끼는 청취자들의 모습을 상상하면서 오늘도 희열을 느낀다. 나의 매력에 빠질 준비를 하시라.

TV 예능 프로그램 가운데 주류를 이루고 있는 것이 바로 토크쇼다. 예전만 하더라도 MC 한 명이 혼자서 프로그램을 진행했는데, 요즘은 MC와 패널의 집단체제로 바뀌면서 다양한 분야의 전문가들이 수많은 이야기들을 쏟아 내고 있다.

콘서트에서는 가수들이 기존의 히트곡을 부르거나 신곡을 발표하면서 팬들과의 교감을 형성해 나간다. 얼마 전부터 '토크 콘서트'라는 이름이 대중들에게 각인되기 시작했다. 이제는 가수뿐만 아니라 개그맨, 의사, 변호사, 요리사 등 너도나도 콘서트란 이름을 달고 관객들과 이야기하는 시대로 바뀌었다.

내가 MC가 된 데는 방송인 김제동 씨의 영향이 컸다. 군 제대 후 야구장에서 만난 인연으로 운전을 대신하고 행사를 따라다니며 MC란 것을 알았고 꿈을 키웠다. 함께한 지 2년이 흘렀을 때 그는 뜻밖의 기회를 놓치지 않고 제대로 살려서 서울로 진출해 지금은 대한민국 최고의 MC가 되었다. 그를 보면서 꿈을 키운 나 역시 대중들에게 즐거움과 감동을 주고자 MC를 하고 있다.

우리나라에서 '토크 콘서트'라는 이름을 처음 사용한 사람이 바로 김제동 씨다. 대단히 획기적인 발상이었다. 관객들과 게임도 하고 노래도 부르며 프러포즈도 진행하면서 3시간 동안 관객들을 웃고 울리며 감동을 전한다. 보고 듣기만 하던 수동적 관객에서 벗어나 같이 뛰고 움직이며 진행하기도 하는 참여형 콘서트가 새로운 트렌드가 되었다.

내가 MC라는 직업을 가지고 전국을 누빈 지 15년째다. 축제, 체육대회, 의전행사, 워크숍, 결혼식, 기업연수 등 안 해 본 행사가 없다. 그야말로 이벤트 MC로서 산전수전 다 겪은 셈이다. 여러 기획사들로부터 인정도 받고 이미지도 괜찮은 편이라 지금도 바쁘게 살고 있다.

하지만 시대는 급속히 변하고 있다. 대한민국의 모든 유행은 TV를 통해 빠르게 전파된다. 영원불변할 것만 같았던 이벤트 MC도 이제는 새롭고 획기적인 프로그램이 없으면 설 자리조차 없다. 그리고 MC들이 너무 많다. 공급은 많은데 수요는 점점 줄어들고 있다. 새로운 기획이 필요한 시점이다. 또 다른 콘셉트로 무엇인가를 만들어 내야 한다. 생존의 법칙이기에 받아들이고 극복해야 한다. 살아남는 자가 승리하는 세상이다.

나는 오늘도 사람들에게 웃음을 전하고자 행사장으로 달려간다. 짜인 프로그램대로 진행하는 광대 같은 모습으로 특별한 반응 없이 똑같은 일을 반복한다. 삶을 영위해 나가는 데 의미가 없어진 지는 오래되었다. 시간은 그냥 흘러가고 오늘 하루도 별일 없이 무사히 지나간 것에 안도하고 만족하는 삶이다. 바로 현대인이 살아가는 공식이다.

자기 일을 즐기며 흘리는 땀방울이 가장 아름답다. 그리고 그것이 누군가에게 행복과 위로가 될 때 나에게 있어 살아가는 에너지가 된다. 이는 메신저 김용일의 좌우명이다. '말'이라는 매개체를 통해 선한 영향력을 펼치며 살아가고 싶다. 현재 내 이름 석자를 딴 토크쇼를 기획하고 준비 중이다. 꼭 TV 방송 프로그램이 아니더라도 신개념 토크쇼를 통해 세상 사람들과 대화를 나누고 싶다. 함께 사는 세상이라 하지 않나! 사람들에게 행복과 즐거움을 주는 것이 나의 목표이자 꿈이다. 이것이 진정한 메신저로서의 나의 사명이다.

한 달에 한 번
가족들과 해외여행 가기

세상은 넓고 할 일은 많다. 갈 곳도 많고 볼 것도 넘쳐 나는 세상이다. 인터넷의 발달로 지구 반대편 소식도 내 옆에서 일어난 일들처럼 쉽게 접할 수 있다. 저가항공사가 많이 생겨 제주도를 비롯한 중국, 일본 등 가까운 나라들은 일일 생활권에 속할 정도로 어렵지 않게 왕복할 수 있다. 말 그대로 저렴한 가격에 말이다. 패키지여행 상품도 다양해서 마음만 먹으면 언제든지 떠날 수 있다. 참으로 살기 좋은 세상이다.

나에게 휴식이나 휴가는 집 안에 틀어박혀 소파에 누워 TV를 보는 것이었다. 계획을 짜고 어디론가 떠나는 것은 휴식이 아니라 일의 연장선이라 생각했다. 얼마나 피곤한 일인가! 모처럼 삶의 현장에서 벗어나 온전히 나만의 시간을 보내고 싶은데 그 시간을 남들과 어우러져 육체적, 정신적 활동을 하는 것은 자신을 학대하는 것이라고만 여겼다. 그래서 여행을 즐기는 사람을 이해하지 못했을 뿐 아니라 절대적 시간 낭비라고 단정 지었다.

이런 생각에 변화가 생긴 것은, 2005년 삼성 라이온즈 프로야구단 응원단장으로 활동하던 당시 삼성이 통합우승을 하면서 처음 신설된 아시아시리즈에 한국 대표로 출전했을 때다. 아시아시리즈는 한국, 일본, 대만, 중국의 자국 리그 우승팀끼리 출전해서 풀 리그 방식을 통해 아시아의 챔피언 클럽을 가리는 대회다. 당연히 삼성 라이온즈 응원단장으로서 응원단을 이끌고 참여했다.

주최가 일본의 '코나미'라는 게임회사였기 때문에 일본 야구의 상징과도 같은 도쿄돔에서 제1회 대회가 개최되었다. 나로서는 처음 해외에 나간 것이다. 출발 일주일 전부터 설레고 기대되는 마음에 밤잠을 설쳤다.

일본 체류기간은 일주일이었다. 그 기간 동안 도쿄의 명소 탐방을 비롯해서 맛집은 모두 찾아다녔다. 그리고 쇼핑 등을 통해 다양한 문화를 체험하면서 여행에 대한 개념을 새롭게 받아들였다. 일 때문에 간 깃이지만 경기 시간 이후에는 자유였다. 1분 1초의 시간도 헛되이 보내지 않기 위해 철두철미하게 준비했다.

일본의 야구 역사가 담긴 최고의 야구장에서 응원하며, 최고급 호텔을 이용하면서 맛있는 음식을 먹으며 보낸 일주일은 꿈만 같았다. 삼성 라이온즈가 2년 연속 우승을 했기 때문에 다음 해에도 도쿄돔에 갔다. 나는 참 운이 좋은 놈이다. 삼성 라이온즈를 통해 내 인생이 바뀌었고 너무나 많은 것을 받았다. 그렇기 때문에 평생 감사하는 마음으로 살고 싶다.

여행에 대한 고정관념이 깨지고 난 뒤, 여가시간의 활용이 달라졌다. 육체적인 휴식보다는 새로운 견문을 넓히고 자연과 마주하는 정신적 휴식의 소중함을 깨닫게 된 것이다. 결혼 후부터는 여행 기피자에서 여행 선호자로 완전히 탈바꿈했다. 요즘은 혼자서라도 일과 병행된 해외여행을 매년 가고 있다.

내가 여행을 좋아하지 않은 것은 집안의 영향도 컸다. '여행은 돈 쓰고 힘들고 잠도 못 자는 불편한 것이다. 집에서 쉬는 게 최고의 휴식'이라는 부모님의 철학도 한몫했다. 하지만 아내의 집안은 정반대였다. 휴가는 물론이거니와 평소에도 일이 끝나면 가까운 곳으로 드라이브라도 가는 스타일이다.

극과 극의 집안이 만나서 살다 보니 결혼 초창기에는 아내와 자주 다투었다. 쉬는 날이면 신혼인데도 불구하고 사우나와 TV 시청을 원하는 남편에 비해, 배낭만 들고 드라이브라도 가자는 아내와의 의견 충돌은 불가피했다. 결혼한 지 3년쯤 지나니 서로의 의견이 절충되었다. 지금은 내가 아내에게 여행을 가자고 졸라 대는 상황으로 뒤바뀌었다.

여행은 나를 발견하고 깨닫게 해 주며 세상을 알아 가고 자연의 이치를 느끼게 해 주는 최고의 선물이다. 이렇게 여행의 개념이 마음속에 정립되면서부터 스스로가 달라졌다. 지친 일상을 달래기 위해 자주 여행을 떠나려고 한다. 특히 해외여행에서는 많은 것을 얻을 수 있다. 삶의 방식 자체가 다른 곳에서 언어, 음식, 시차까지 적응하는 과정 자체가 흥미롭다.

여행은 삶에 많은 변화를 가져다준다. 가족과 함께하는 여행은 누구나 꿈꾸는 인생 목표다. 한 달에 한 번씩 해외로 떠난다면 얼마나 행복할까! 그러기 위해서는 먼저 시간과 경제의 자유를 가져야 한다. 매일 직장에 나가고 사업을 하는 이유는 결국 경제적 자유를 통해 삶의 질을 높이기 위해서다. 분명 자기 일에 최선을 다하고 이루고자 하는 확고한 목표를 가지고 시간을 활용한다면 주어지는 보상은 어마어마할 것이다.

나는 삼성 라이온즈 장내 아나운서, 대학교 교수, 결혼식 전문 MC, 기업체 전문 강사, 이벤트 회사 운영으로 바쁘게 살고 있다. 돌이켜 보면 내가 하고 싶은 일을 즐겁게 하면서 살아왔다. 돈을 많이 번 주위 사람들을 보면 부럽고 나 자신이 초라하게 느껴질 때도 있다. 하지만 나의 소명이 세상 모든 사람들에게 영향력을 발휘하는 것이기에 지금의 삶에 만족하면서 더욱 노력하고 있다. 유명해지고 싶은 이유도 있지만 가족들과 행복한 시간을 보내고 싶은 게 내 삶의 궁극적인 목표다.

신혼여행 때의 일이다. 싱가포르를 경유해서 발리로 6박 8일의 여행을 갔다. 발리의 어느 리조트에 숙박하던 중이었다. 아침에 일어나서 리조트 수영장에 갔는데 해변으로 연결되어 있어서 가 봤더니, 비치파라솔 아래 어느 노부부가 나란히 누워서 책을 읽고 있었다. 나는 아내에게 "우리도 늙으면 두 손 꼭 잡고 세계를 여행하며 둘만의 시간을 많이 보내자."라고 약속했다.

이처럼 여행은 형언할 수 없는 행복과 엄청난 에너지를 준다. 여행을 통해 삶의 이치를 깨닫고 변화를 느낀다면 일도 여행처럼 즐겁게 할 수 있다.

자녀들이 성장하고 부모도 나이가 들어감에 따라 가족 간의 관계가 소원해질 수 있다. 하지만 관심과 사랑을 기울이며 자녀들과 친구처럼 지내면서 정을 나누는 부모들도 분명히 많다. 그 매개체가 바로 여행이다.

인생은 짧다. 하지만 세상에 즐길 수 있는 것은 넘쳐 난다. 빠듯한 생활 속에 여유를 가지며 살기를 원한다. 가장 소중한 사람들과, 가장 소중한 시간을, 가장 소중한 일을 하며 보내고 싶다. 바로 내가 제일 사랑하는 가족들과의 여행이다. 지금 당장 해외여행 계획을 짜면서 설레는 하루를 시작해 보자. 똑같은 삶을 반복하기에는 인생이 너무 아깝지 않은가? 나는 가족들과 함께 여행을 즐기며 행복과 사랑을 나누고 싶다. 이것이 내가 살아가는 이유다.

'김용일 콘서트'
개최하기

나는 비보이(b-boy) 출신이다. 고등학교 때 대구 지역을 주름 잡은 댄서였다. '서태지와 아이들'과 '듀스'를 보면서 가수의 꿈을 키웠다. 헐렁한 힙합바지에 귀고리를 하고 특이한 모자를 쓰고 큰 가방을 메고 거리를 활보했다. 인근 학교의 댄스공연에 많이 초청 되었고, 학교 축제를 비롯해 천주교 재단의 어울림 행사에도 초대 되어 축하공연을 했다. 내가 다니는 성당 후배들과 댄스팀을 만들 이 춤을 가르치고 함께 연습했다. 입소문이 나서 후배가 다니던 학교의 학생들과 다른 성당에서도 내게 춤을 배우러 왔다. 댄스 가수라도 된 것처럼 잘난 체하며 즐기던 그 시절이 그립다.

대학교 때는 아르바이트로 삼성 라이온즈 프로야구단과 대구 오리온스 프로농구단의 댄스팀으로 활동했다. 언제나 리더 역할 을 하면서 안무도 내 위주로 구성했다. 하프타임 때 미니콘서트도 펼치면서 댄스 실력도 향상되고 스포츠팬들에게 인기도 높아졌다. 하지만 댄스팀 생활도 거기까지였다. 군대가 나를 기다리고 있었다.

나는 제대 후부터 지금까지 치열하게 살아왔다. 스물다섯 살 때 시작한 삼성 라이온즈 응원단장을 10년 동안 했고 현재는 장내 아나운서로 활동하고 있다. 공부가 부족하다고 느껴 대학원에 진학해 석사학위도 취득하고 박사 논문도 준비 중이다. 이벤트 회사를 차려서 수많은 행사도 기획하고 MC를 보며 세상 사람들과도 소통하고 있다.

어떻게 보면 나는 매일 콘서트를 하고 있는 셈이다. 하는 일 자체가 남들 앞에서 뭔가를 보여 주는 일이다. 사람들은 나에게 "대중 앞에서 마이크를 잡고 말하는 것이 부담되고 두렵지 않은 가?"라는 질문을 자주 한다. 당연히 힘들고 아직까지도 긴장되는 것은 사실이다. 하지만 그런 순간이 너무 좋다. 힘들고 우울할 때 무대에 서면 모든 근심과 걱정이 사라지고 세상에서 가장 행복한 순간이라고 느껴진다. 생각해 보라, 정말 매력적인 일이지 않은가.

하지만 반복되는 일상 속에 학창시절 댄스 가수의 꿈은 그 시절의 아련한 추억으로만 남았다. 인생이 너무 팍팍하게 느껴졌다. 나이가 들수록 꿈이란 단어는 글자로만 사용되어야 하는 걸까? 난 그런 인생을 살고 싶지 않다. 철부지 어린 시절의 모습을 원하는 게 아니다. 댄스 가수를 꿈꾸는 것도 아니다. 다만 주어진 환경 속에서 나를 찾고 새롭게 도전한다면 그것이 자기만족이자 꿈을 실현하는 모습이 아닐까?

요즘은 가수들만 콘서트를 한다는 고정관념이 사라졌다. 토크콘서트, 과학콘서트, 청춘콘서트, 잡콘서트 등 이름 붙이기 나름이다. 다양한 삶을 공감하고 체험할 수 있는 기회가 많아졌다. 각계각층의 단체와 협회 등에서도 지원을 통해 콘서트를 연다.

나는 멋진 콘서트홀에서 사랑하는 가족과 친지, 지인들을 모시고 나만의 콘서트를 열고 싶다. 누구나 한 번쯤 상상해 봤을 것이다. 화려한 조명과 터질 듯한 스피커 소리도 필요 없다. 나를 기억하고 그때의 추억을 공유하며 함께 울고 웃는 소중한 시간을 선물하고 싶다.

이제껏 내가 본 콘서트 중 가수 박진영 씨의 〈나쁜 파티〉가 가장 기억에 남는다. 매년 크리스마스를 앞두고 진행된다. 같은 내용이지만 색다른 퍼포먼스가 가미된 진정한 '딴따라'의 모습을 보며 부러워하는 내 모습은 초라할 뿐이다. 나이는 숫자일 뿐, 그의 춤과 노래 실력은 변함이 없다. 박진영 씨는 JYP 소속 가수 모두에게 형이자 오빠다. CEO로서의 권위는 내세우지 않는다. 그만큼 전 세대와 공감대를 형성하며 자기발전을 꾀한다. 작사, 작곡을 통해 그만의 삶의 철학도 엿볼 수 있다.

학창시절에는 연예인이 꿈이었다. 댄스 가수로서 대한민국을 평정하고 싶었다. 유명해지는 것이 최종 목표이자 꿈이었다. 물론 지금도 지방에서는 꽤나 유명한 편이다. 내가 유명하고 인기가 있다는 것은 그만큼 성공했다는 증거이기도 하다. 사실 이제 와서 댄스 가수를 한다는 것은 웃기는 일이다. 하지만 못다 이룬 꿈을 위해 뭔가를 하기에 충분한 나이다.

삼성 라이온즈와 내 인생 1막을 함께했다면 제2막은 대한민국 인기강사가 되고 싶다. 그러기 위한 시작 단계로 나만의 책을 쓰기로 결심했다. 책을 통해 나를 더욱 알릴 수 있고 책을 쓰면서 나만의 전문분야에 대한 확실한 이론도 정립할 수 있기 때문이다.

책을 읽고 좋아하기 시작한 것은 얼마 되지 않았다. 전에는 책을 읽지는 않았지만 구입해서 책장에 진열하는 것은 좋아했다. 언제부턴가 책을 읽고 싶은 욕구가 강하게 들었다. 청중 앞에서 그들을 가르치려면 내공부터 쌓아야 한다는 생각에서였다.

내가 지금의 일을 하게 된 것은 김제동 씨를 만나면서부터다. 그를 무작정 따라다니며 MC의 꿈을 키웠다. 김제동 씨가 연예인이 된 뒤 나는 단호한 결심을 했다. 이제부터 내가 대구, 경북 지역 최고의 MC가 되겠다고.

대구 경북대학교 대강당에서 법륜 스님과 김제동 씨가 함께했던 〈청춘콘서트〉를 보러 갔을 때였다. 미리 전화를 걸어 김제동 씨가 있는 대기실에 들어갈 수 있었다. 법륜 스님과 나머지 스태프들과도 인사를 나누며 그들이 준비하는 모습을 눈여겨봤다. 한참 이야기하던 중에 법륜 스님께서 "제동 씨가 대구를 떠났으니 용일 씨가 대구를 평정하고 그 후에 제동 씨가 도와줘서 방송으로 진출하면 되겠네요."라고 말씀하셨다. 물론 웃자고 한 소리겠지만 나로서는 가슴속 열정을 또 한 번 태우는 계기가 되었다. 대기실에는 그야말로 성공의 기운이 넘쳐 났다. 흔히 말하기를 "성공하려면 성공자들과 함께해야 된다."라고 하지 않는가.

콘서트는 2시간 정도 진행되었다. 삶에 대한 법륜 스님의 지혜와 김제동 씨만의 웃음과 애드리브로 풀어낸 다양한 스토리를 통해 삶의 원동력이 되는 메시지를 마음속 깊이 새기며 자신감을 가질 수 있었던 시간이었다. 이러한 이유로 문화생활은 자주 즐겨야 한다. 내 삶을 되돌아볼 수도 있고 배움을 통해 자기계발을 꾸준히 진행하면 세상도 아름답게 보이고 나의 영향력을 발휘할 날도 점점 다가올 것이다.

이 모든 것을 담아 나만의 콘서트를 열고 싶다. 이제껏 살아오면서 쌓은 나의 모든 것을 보여 주고 싶다. 비록 젊은 나이는 아니지만 아직 살아 있다는 것을 보여 주고 싶다. 예전에 함께 춤췄던 멤버들과도 재회해서 추억도 떠올리며 새로운 에너지를 얻고 싶다. 사랑하는 가족들과 모든 지인들께 즐거움과 행복을 전해 주며 그들에게 할 수 있다는 용기를 심어 주고 싶다. 마지막으로 책을 써서 저자의 입장에서 북콘서트와 토크 콘서트를 열어 현재를 말하고 미래를 나누며 세상을 이야기하고 싶다.

"대한민국 최고의 버라이어티 콘서트 '김용일 콘서트'에 오신 것을 환영합니다!"

'드래곤 엔터테인먼트' 성장시키기

나는 서태지 이후 최고의 문화혁명가라고 불리는 빅뱅의 지드래곤을 좋아한다. 그는 어릴 적부터 가수의 꿈을 키우면서 자신과 타협하지 않고 오로지 미래의 모습을 떠올리며 연습생 시절을 보냈다고 한다. 대한민국 문화콘텐츠의 아이콘으로 자리 잡기까지 엄청난 노력과 실패가 있었다.

내 이름은 김용일이다. 나도 지드래곤처럼 '드래곤 원'이라 칭하고 다닌다. 멋있지 않은가. 성공자를 따라 해야 성공하는 것은 당연한 진리다. 지드래곤은 나이는 어리지만 배울 게 많은 대한민국 대표 청년이다.

나는 이벤트 MC로 활동하면서 수많은 연예인을 만났다. 그들도 방송은 홍보를 위한 수단이고 행사가 주 수입원이다. 행사장에서는 TV에서 보지 못한 연예인들의 또 다른 면모를 볼 수 있다.

그들의 포스는 뭔가 다르다. 그들의 패션, 말투, 느낌, 풍기는 냄새까지 일반인들과는 차별되는 무언가가 있다. 그런 요소가 성공이라는 단어를 끌어당겼을 것이다.

우리나라를 대표하는 3대 연예기획사가 있다. 다들 알겠지만 이수만의 'SM 엔터테인먼트', 양현석의 'YG 엔터테인먼트', 박진영의 'JYP 엔터테인먼트'다.

'엔터테인먼트'란 우리말로 '오락'이란 뜻이다. 나는 '삶에 즐거움과 행복을 주는 일'이라 정의하고 싶다. 그래서 내 개인 프로필 소개 글에 '엔터테이너 김용일'이라고 쓴다. 나와 함께하는 모든 분들께 즐거움과 행복 그리고 감동을 주겠다는 약속의 의미를 담아 몇 년 전부터 사용했다. 스스로에 대한 다짐이기도 하다. 내가하는 일에 대한 사명과 비전을 느끼고 공유할 수 있기 때문이다.

MC라는 직업은 화려하다. 독특한 옷을 입고 톡톡 튀는 넥타이나 모자로 자신을 꾸미고 특별한 퍼포먼스로 관객들에게 어필한다. 요즘 활동하는 후배들에게 한마디 하자면, 기본적으로 MC의 개념부터 정립하고 일했으면 한다. MC는 '무대에서 무조건 웃기면 된다'라고 생각하는 후배들이 많다. 잘못된 생각이다.

MC란 'Master of Ceremony'의 약어다. 즉, '행사나 의식의 지도자'라는 의미다. 행사나 의식을 문제없이 자연스럽게 이끌어 가는 사람을 뜻한다. 그런 가운데 웃음도 유발하고 눈물도 흘리게 하면서 마지막엔 감동도 줄 수 있어야 한다. 이것이 진정한 MC로서 가져야 할 사명이다. 현재 MC를 하고 있거나 MC를 꿈꾸는 사람이라면 꼭 명심하길 바란다. MC를 'Master of Communication'으로 이해해도 된다. 서로 간의 소통이 어느 때보다 중요한 세상에 살고 있기에 그렇게도 정의를 내려 본다.

나는 2012년 '드래곤 엔터테인먼트'라는 이름으로 개인사업자를 개설하면서 1인 기업가로 새 출발 했다. 남의 일만 받아 하는 입장에서 직접 영업하고 기획을 하다 보니 CEO로서의 책임감도 생겨났다. 명함을 새로 만들어 사람들에게 전할 때마다 자부심도 느껴졌다. 나도 이제 사장님이란 말인가.

개인사업자로서 수주한 행사 중 기억에 남는 건 KBS 〈전국노래자랑-경북 칠곡 편〉이다. 전 국민이 즐겨 보는 방송으로 MC계의 전설 송해 선생님의 이미지가 강한 프로그램이다. 프로그램 기획은 KBS가 총괄했지만 세부적인 시스템 설치, 안전문제 등 행사장 전반의 모든 연출은 내가 담당했다.

행사는 성공리에 끝났다. 준비하면서 힘들었던 과정 속에 포기할까도 생각했지만 녹화 당일 사람들이 행복해하는 모습을 보면서 '내가 이 땅에 태어나 해야 할 일'이라는 자부심이 확고해졌다. 도움의 손길을 내밀었던 모든 분들에게 다시 한 번 감사를 전하고 싶다.

현재 대한민국에서는 1인 기업이 열풍이다. 독특한 아이템과 차별화된 전략으로 수익을 창출할 수 있다면 결코 나쁘지 않다. 다만 오랫동안 지속할 수 있는지에 대한 판단은 전적으로 자신의 몫이다. 매달 말일마다 직원들의 월급 맞추기에 급급해 힘들어하는 중소기업의 대표들을 보면서 많은 생각을 했다. 과연 내가 1인 기업가로 추구해야 할 비전은 무엇일까? 사람들에게 어떤 모습으로 다가가야 용기와 희망을 전하며 수익도 올릴 수 있을까? 이런저런 고민 끝에 결심했다.

"드래곤 엔터테인먼트의 첫 번째 역할은 삶의 질을 향상시키고 인생의 로드맵을 설계하는 데 방향을 잡아 줄 '라이프 디자이너'다. 두 번째 역할은 지식과 지혜를 연마하고 본인의 삶을 함께 공유할 수 있는 노하우를 심어 주는 '라이프 컨설턴트'다. 이를 바탕으로 최고의 메신저 기업이 되자."

1인 기업으로서의 사명과 비전이 완성되면서 내 삶의 목표가 뚜렷하게 보이기 시작했다. 당장은 이벤트 사업 위주로 진행되겠지만 꾸준한 자기계발을 통해 꿈을 달성하기 위해 노력을 기울이다 보면 곧 사업의 윤곽이 잡힐 것이라 확신한다.

이런 비전을 갖게 해 준 계기가 된 것은 단 한 권의 책이었다.

나는 《서른여덟, 작가, 코치, 강연가로 50억 자산가가 되다》를 읽고 '변화만이 살길'이라는 메시지를 강하게 느꼈다. 현재 하는 일로도 즐거움을 전할 수 있지만 모든 인간 속에 내재되어 있는 의식을 바꾸고 확장시킴으로써 더 큰 꿈을 이룰 수 있을 것이라는 강한 신념이 생겨났다. 나는 이 책의 저자인 김태광 코치를 만나서 컨설팅을 받고 그가 운영하는 〈한책협〉의 일원이 되었다. 내가 꿈꿔 왔던 모든 시스템이 이곳에 녹아 있었다. 이로 인해 메신저 사업에도 본격적으로 박차를 가하게 되었다. 다시 한 번 김태광 코치에게 존경을 표하고 사랑한다 말하고 싶다.

살아가면서 은인을 만나는 것은 쉽지 않다. 모르고 지나치는 귀인도 분명 있을 것이다. 이렇듯 기회를 보지 못하고 자가당착에 빠져 한탄만 하는 인생을 반복할 것인가? 그런 사람들을 보면 정말 불쌍하다. 나 역시도 그런 불쌍한 사람이었으니까. 결국 모든 것은 마음가짐에 달렸다. 주위를 둘러보고 세상을 아름다운 마음으로 바라보라. 분명 당신이 원하는 꿈이 수없이 떠다니고 있을 것이다.

세상은 참 아름답다. 이처럼 살기 좋은 세상을 마음껏 누리지 못한다면 얼마나 비참할까. 기회는 당신을 향해 소리치고 있다. 지금부터라도 삶을 되돌아보고 새롭게 디자인하자. 세상에 우리가 온 이유를 돌이켜 보면 너무나 소중한 시간들이 흘러 지나가고 있다는 것을 느낄 것이다.

나는 다시 태어났다. 물질적인 행복만 추구하던 작은 틀에서 나와, 세상만물을 느끼고 살아 숨 쉬는 모든 생명체를 위한 리더로 거듭나야 한다는 진리를 깨달았다. 이것이 내가 존재하는 이유다.

'대한민국 최고의 메신저 김용일'이라는 이름으로 삶의 성장을 이끄는 최고의 기업 '드래곤 엔터테인먼트'와 함께 새로운 세상을 향해 비상하자!

PART 8

게임으로
선한 영향력을
행사하는
프로그래머

최형선

최형선 ♪

인디게임 개발사 '유데브앱' 대표, 게임개발 강사, 인디게임 개발 방법 작가

게임과 앱 개발사에서 직장생활을 하다가 꿈꿔 오던 게임 개발사를 창업했다. 모바일 게임 '치요의 초급한자', '치요의 초등 영단어'를 구글플레이와 애플스토어에 출시했다. 네이버 카페 '게임개발연구소'를 운영하며 게임 개발에 대한 내용을 교육하고 있다. 현재 인디게임 개발에 관련된 개인저서를 집필 중이다.

E-mail sun@udevapp.com
Cafe http://cafe.naver.com/udevgame
Blog http://blog.udevapp.co.kr

의미 있는 게임 만들어서
영향력 있는 사람 되기

　나는 어릴 때부터 이것저것 만드는 것을 좋아했다. 그래서 또래 아이들이 그렇듯 프라모델을 만들거나 라디오를 조립하는 것을 좋아하고 과학자가 되고 싶었다. 열 살 즈음 신문에서 컴퓨터 광고를 보게 되었다. 당시 컴퓨터 가격은 100만 원이 넘었다. 단칸방에 살면서 그런 비싼 물건을 사 달라는 말을 할 수가 없었다. 그래도 컴퓨터가 너무 갖고 싶었다. 하루는 꿈을 꿨는데 길에서 컴퓨터를 주워 집으로 가지고 오는 꿈이었다. 꿈에서 깨어나 보니 컴퓨터가 없어서 한참을 망연자실하게 앉아 있었다. 컴퓨터가 얼마나 갖고 싶었으면 꿈까지 꾸었겠는가.

　컴퓨터가 있는 친구의 집에 매일 놀러 갔다. 친구의 환심을 사기 위해 디스켓에 게임을 담아 주기도 했다. 컴퓨터로 하는 게임들은 너무나 재미있었다. 나는 그것에 몰두했다. 지금은 그 친구의 얼굴보다 흑백 모니터의 IBM-PC/XT가 더 기억에 남는다.

그때 나에게 멘토가 있고 이런 말을 해 줬으면 어땠을까?

"넌 컴퓨터와 게임을 좋아하니 그것을 만드는 프로그래밍을 열심히 공부해 보는 것이 좋겠다. 이것부터 공부해 보도록 하고 모르는 것은 물어봐."

이렇게 격려해 주고 길을 알려 주는 멘토가 있었다면 난 이미 제2의 빌 게이츠가 되었을지도 모른다. 빌 게이츠에게는 어린 시절부터 자신이 하고 싶어 하는 일에 대해 철저한 사고를 하도록 도와주었던 할머니가 있었다. 하지만 나는 그런 사람이 없어 방황만 했다. 학교를 왜 다녀야 하는지 깨닫지 못해서 공부는 안 하고 게임만 했다. 부모님께서는 게임 좀 그만하고 공부하라고 닦달하셨다. 하지만 나는 방황을 멈추지 못하고 게임만 하면서 시간을 보냈다. 게임을 만들어야겠다는 생각조차 하지 못하고 있었다. 나의 잠재의식은 "네가 하고 싶은 일을 해."라고 말하고 있었지만 나는 듣지 못했다.

지금 하고 있는 일이 좋지 않은 일이면 마음이 불편하다. 반대로 좋은 일이거나 잘하는 일이면 기쁨이 내면에서부터 올라온다. 나는 이것을 몰랐다. 그래서 청소년 시절 게임을 하기만 했지 직접 만들기 위한 어떠한 노력도 해 본 적이 없었다. 대학에 가서도 그런 것들을 몰랐기 때문에 무기력한 나날을 보냈다.

그러던 어느 날, 혼자 집에서 일주일 동안 잠도 안 자고 게임만 하던 중 갑자기 어떤 생각이 머릿속을 스쳤다.

'그래, 나중에 큰사람이 되어 사람들이 행복해하는 게임을 만들어야겠다!'

좋은 생각이기는 하지만 그것도 반쪽짜리였다. 나머지 반은 무엇이었을까? 게임을 만들기 위해 노력하는 것이었다. 하지만 나는 행동하지 않고 생각만 할 뿐이었다. 그러다 군대에 다녀왔다. 꿈은 마음속에만 품어 둔 채로 대학교에서 게임과는 상관없는 학문을 전공했다. 힘든 가정 형편을 극복하기 위해서는 취직을 해야했기 때문이다. 취직을 하고 또 몇 년이 지났다. 돈 때문에 고민하던 시절이 길었기 때문에 취직이 된 것만으로도 마음이 편했다. 열심히 일해서 빚을 다 갚았다.

서른을 넘긴 어느 날, 힘든 야근을 마치고 집에 돌아와서 침대에 누웠다. 여느 때처럼 하릴없이 천장 벽지에 그려진 무늬를 하나하나 세고 있었다. 한 시간은 족히 세었을까. 스무 살에 꾸었던 꿈이 다시 내 앞에 나타났다. 그리고 이런 생각이 들었다.

'게임을 만들기 위해 공부해야겠다. 나는 지금까지 게임을 하면서 나름대로 분석해 온 기획력이 기본으로 있지 않은가. 열심히 노력해 사람들이 행복해하는 게임을 만들어야지!'

그날 이후 나는 다른 삶을 살았다. 책을 읽었으며, 퇴근 후에는 게임프로그래밍 학원을 다녔다. 주말에는 관련 교육을 받고 인터넷으로 포토샵을 공부하며 그림그리기 개인교습도 받았다. 만화영화 〈드래곤볼〉의 손오공 목소리를 맡았던 김환진 성우에게도 1개월 정도 성우 훈련을 받았다. 작곡과 음악도 개인교습을 받으며 공부했다. 하지만 성우나 음악은 나와 맞지 않았다. 필요한 것은 다 해 보고 공부했으며, 아닌 것은 어떻게 할 것인지 결론을 내렸다. 그렇게 12년간 회사를 다니면서 공부했다.

지금은 창업해 1인 기업가로서 게임을 만들고 있다. 2016년 6월, 드디어 내가 만든 게임 '치요의 초급한자'를 구글 플레이스토어에 올렸다.

이 게임은 한자를 학습하는 게임이다. 아이템인 한자 단어를 캐릭터가 이동해 맞히면서 게임이 진행된다. 이 게임은 '사람들이 행복해할 수 있는 게임'의 범주에 들어갈 수 있으리라 자부한다. 사람들에게 도움을 주기 위해 만들다 보니 학습게임을 만들게 되었지만 학습만이 행복을 주는 것은 아니다. 감동적인 영화를 보면 가슴이 떨린다. 그런 감동을 게임을 통해서도 주고 싶다. 내 게임이 사람들에게 감동을 주면 어떻게 될까? 많이 알려질 것이다. 그러면 더 많은 사람들이 나의 게임을 하게 된다. 그러면 영향력이 생긴다. 내 게임이 널리 알려질수록 더 많은 영향력이 생길 것이다. 나는 왜 이토록 영향력을 바라는 것일까?

디지털 콘텐츠 분야에서 수조 원을 벌어들인 엠제이 드마코는 《부의 추월차선》에서 이렇게 말했다.

"수백만 명에게 영향을 미치면 수백만 달러를 벌게 된다."

내가 돈만 바라는 것은 아니다. 하지만 돈이 있어야 더욱 선한 영향력을 끼칠 수 있다는 것은 자명한 일이다. 나는 이 게임을 시작으로 사람들이 행복해질 수 있는 게임을 만들기 위해 노력할 것이다.

요즈음 사회적으로 게임이 많은 문제가 되고 있다. 게임에 중독된 사람들, 현실 도피를 위해 게임을 하는 사람들, 사행성 뽑기 게임에 수천만 원씩 쓰는 사람들도 많다. 이런 식으로 이익 추구만을 위한 게임이 많아질수록 게임업계는 사람들에게 외면당해 더욱 고립될 것이다. 반대로 내 게임과 같은 선한 게임들을 더욱 많이 출시한다면 선한 영향력이 발휘되어 세상이 더 살기 좋은 곳으로 변하리라 생각한다.

지금 이 글을 읽고 있는 사람들에게 말하고 싶다. 게임에 관심이 없는가? 아니면 게임에 환멸을 느끼는가? 내가 만든 게임을 해 보라. 그리고 느껴 보라. 아직은 완성도면에서 조금 부족할 수도 있다. 하지만 더욱 발전시키고 보완해 더 나은 게임을 더 많이 만들 것이다. 그리고 더 선한 영향력을 행사할 것이다.

1,000만 명에게
컴퓨터 프로그래밍 가르치기

누구나 한 번쯤은 사는 이유에 대해 고민해 봤을 것이다. 나도 마찬가지다. 어릴 때는 답을 찾을 수 없었다. 하지만 불혹의 나이까지 살아오며 쌓은 경험과 그동안 읽은 많은 책을 통해 막연하게나마 도달한 결과가 있다.

"모든 이에게는 자신만의 사명이 있다."

모든 사람에게는 살아가면서 자신의 발전을 위해 해야 할 일들이 있다. 혹자는 "발전이 아니라 퇴보하는 삶을 사는 사람들은 어떻게 설명할 것인가?"라고 묻는다. 그에 대한 대답은 이렇다. 만물이 지니고 있는 에너지는 붕괴보다 창조에 많이 쓰인다. 그렇지 않으면 존재 자체가 불가능해진다. 물리학적으로도 이미 판명

된 이야기다. 또한 에너지는 물질로 변화될 수 있다. 삶을 살아가면서 자신의 에너지를 물질로 바꾼 이들은 그것을 누리며 살아간다. 그러지 못한 이는 에너지를 그냥 가지고 살아간다. 퇴보하는 것처럼 보이는 사람일지라도 그 내면에는 우주 전체를 창조할 만한 에너지가 잠재되어 있는 것이다.

그렇다면 나는 무엇을 하기 위해 태어났을까? 나는 그에 대한 해답으로 창조를 해야겠다는 마음을 먹었다. 그리고 그 방법을 알려야겠다고 마음먹었다.

무슨 이야기냐고? 내가 하고 있는 프로그래밍에 대한 이야기다. 프로그래밍은 창조의 작업이다. '네이버' 같은 웹사이트를 어떻게 만들어 낸 것인지 생각해 본 적이 있는가? '슈퍼마리오' 같은 게임을 어떻게 만들었는지 생각해 본 적이 있는가? 그것들을 만든 사람들은 그 세상을 창조했다. 네이버를 만든 이찬진 회장은 대한민국 모든 이들의 아바타가 생활하는 플랫폼을 만들어 냈다. 슈퍼마리오를 만든 미야모토 시게루는 게임 속 세상을 창조해 마리오가 살아 움직이게 만들었다. 딩신이라고 못할 것이 무엇인가. 어렵다고? 할 수 있다. 안 된다고? 할 수 있다. 불가능하다고? 할 수 있다.

나는 머리가 좋은 편이 아니다. 그래서 10년 동안 프로그래밍을 해 왔지만 아직도 어렵다. 외우는 것도 정말 못한다. 하지만 다행히도 이해와 공감의 능력만은 떨어지지 않는다. 이해와 공감으로 어렵게 배운 경험을 통해 어떻게 하면 이것을 다른 사람에게 이해시킬 것인지에 대한 고민을 많이 했다. 모르는 사람의 입장에서도 생각해 보았다. 컴퓨터의 입장에서도 생각해 보았다. 다른 사물에 빗대어 설명할 수 있는 방법도 생각해 보았다.

프로그래밍을 배우기 위해서는 조건이 몇 가지 있다.

첫째, 꿈이 있어야 한다. 프로그래밍은 배우기 힘들고 창의력과 노력을 함께 발휘해야 하는 힘든 일이기에 고난과 역경이 많다. 그럴 때 꿈이 있다면 극복할 힘이 생긴다. 꿈이 없으면 금세 포기하고 쉬운 길만 찾다가 고난과 역경에서 헤어 나올 수 없게 된다.

둘째, 꿈이 선해야 한다. 선(善)이라고 말한다고 해서 거창하게 이 세상 모든 것이 행복하기를 원하는 마음을 가지라는 것이 아니다. 좋은 집에서 살고자 하는 마음도 선이다. 하지만 누군가에게서 집을 빼앗아 살고자 하는 것은 악(惡)이다. 프로그래밍 기술을 잘못 사용하게 되면 어떻게 될까? 조만간 기술이 인간을 완전히 뛰어넘는 특이점에 다다르는 순간이 온다. 이세돌 9단은 구글의 알파고에게 4:1로 패했다. 결국은 영화 〈마이너리티 리포트〉나 애니메이션 〈공각기동대〉처럼 기술을 통해 세상을 지배할 수 있게 되는 것이다. 이런 세상에서 기득권을 가진 많은 사람들이 선한 마음을 먹지 않는다면 어떻게 될지는 상상만으로도 끔찍하다. 꿈이 선하지 않아도 프로그래밍은 할 수 있다. 하지만 그런 사람이 프로그래밍을 배우고 싶어 한다면 나는 알려 주지 않을 것이다.

셋째, 매일매일 꾸준히 해야 한다. 프로그래밍은 컴퓨터와 대화하는 언어다. 어린아이가 말을 매일 듣고 해야 유창하게 말할 수 있는 것처럼 프로그래밍도 마찬가지다. 하루에 30분씩이라도 공부의 끈을 놓지 않고 해야 한다. 불과 10년 전까지만 해도 프로그래밍 기술이 발전하지 못해 많은 시간을 투자해야 프로그래밍이 가능했었다. 하지만 지금은 기반 기술이 계속 발전됨에 따라서 컴퓨터의 모든 것을 공부해야 할 필요가 없어졌다. 예를 들어, 블로그에 글을 쓰는 방법을 생각해 보면 예전에는 HTML과 자바스크립트를 기본으로 알고 있어야 쓸 수 있었다. 하지만 지금은 클릭 한 번으로 누구나 글을 작성할 수 있다. 프로그래밍 세상도 마찬가지다. 기반 기술은 기술자에게 맡기고 나는 그 기반을 바탕으로 프로그래밍을 할 수 있게 되었다. 전업으로 프로그래밍을 준비하는 것이 아니라면 하루 30분씩 꾸준히 하는 것만으로도 누구나 프로그래밍을 할 수 있다.

넷째, 처음 배울 때 좋은 멘토를 만나야 한다. 처음은 무조건 다른 이에게 배우는 것이 좋다. 책 한 권으로 독학해 프로그래밍을 다루는 것이 가능한 사람은 천재다. 배우는 것을 두려워하지 마라. 책만 보고도 할 수 있는 일은 쉬운 일이거나 그 일에 대한 경험이 있기 때문이다. 프로그래밍은 학습, 창조, 실행이 합쳐진 영역이기 때문에 누군가의 가르침을 받아 시작하는 것이 좋다. 좋은 멘토가 필요한 또 다른 이유는 프로그래밍이 결코 쉽지 않기 때문이다. 처음의 허들을 뛰어넘지 못하면 바로 포기하게 된다. 무작정 프로그래밍에 관련된 내용을 보게 되면 절망하는 사람들이 많을 것이라고 생각한다. '한국어인데 왜 알아들을 수 없지?' '나는 머리가 나쁜가?' 그렇지 않다. 프로그래밍 세계에서 격언처럼 쓰이는 말이 있다.

"초보자는 무엇을 해야 할지 몰라서 초보자다."

모르기 때문에 할 수 없는 것이다. 조금만 알고 인터넷을 찾아보면 엄청난 정보를 얻을 수 있다. 하지만 그 정보들은 모두 초급을 땐 사람들에게 필요한 정보다. 좋은 멘토를 만난다면 어려운 첫 난관을 극복하고 쉽게 갈 수 있다.

나는 프로그래밍을 하는 방법에 대한 교육과정을 만들 것이다. 머리 좋은 사람들만 이해할 수 있는 모든 프로그래밍 교육에

반기를 들고 누구나 이해하기 쉬운 프로그래밍 교육과정을 만들 것이다. 1,000만 명 이상의 사람들에게 내 교육과정을 듣게 하는 것이 목표다. 그러기 위해서는 우리나라 사람만으로는 부족하다. 한국어뿐만 아니라 영어로도 교육과정을 만들어 외국인들도 교육할 것이다.

이것이 나뿐만 아니라 사회를 발전시켜 인류의 발전에 기여하는 일이라고 믿는다. 선한 마음과 꿈을 가진 많은 사람들이 세상을 위해 노력하는 모습을 상상하는 것만으로도 가슴이 설렌다. 나는 게임으로 선한 영향력을 행사하는 것과 더불어 프로그래밍 교육을 통해 선한 영향력을 행사할 것이다.

성공해 나를 믿어 준
가족에게 보답하기

나는 어린 시절 다른 보통의 아이들과 마찬가지로 아무 생각 없이 살았다. 나에게 일곱 살 이전의 기억은 없다. 몸이 약해 자주 아팠기 때문이기도 했지만 무엇을 하며 무슨 생각을 하는지에 대한 개념 자체가 없었다. 그러던 어느 날, 길에서 세발자전거를 타고 놀다가 넘어져 바닥에 주저앉았다. 그 순간 갑자기 시야가 넓어지면서 생각이란 것이 머릿속을 스쳐 지나갔다.

'내가 왜 여기 있지? 나는 누구지? 엄마는 날 아들이라고 부르는데. 엄마도 좋고 아빠도 좀 무섭지만 좋은데, 난 그냥 엄마아빠의 아들인가?' 내 작은 손을 보고는 '나는 어린아이구나'라고 생각했고, 내 옷을 보고는 '이 물고기 모양의 옷은 뭐지? 내가 이런 걸 입고 있었나?'라고 생각했다. 또한 발밑에서 기어가는 개미들을 보고 '열심히 뭔가를 나르고 있네. 개미는 무엇을 위해 살까?'

라는 생각을 했다. 하늘 위를 날아가는 새를 보고는 '하늘을 날고 있네. 나도 날고 싶다'라고 생각했다. 그리고 '이 세상은, 그리고 나는 왜 생긴 거지? 내가 왜 생각을 하고 있는 거지?'라고 생각했으며, 시곗바늘이 움직이는 것을 보고 '시곗바늘은 거꾸로 못 움직이는데 그럼 그전의 시간은 없어지는 걸까?'라는 생각을 했다.

시간이 얼마나 흘렀을까. 무서웠다. 집으로 돌아가지 못해 무서운 것이 아니라 일곱 살 어린아이의 몸으로 이 세상과 나에 대해 깊은 생각이 드는 것이 무서웠다. 머리가 아팠다. 집으로 돌아가면서 엄마가 걱정할 테니까 이런 이야기는 하지 말아야겠다고 생각했다.

그렇다고 내가 천재였던 것은 아니다. 단지 그날만 두뇌회전이 빨랐을 뿐이다. 그래도 그날 이후로 삶의 의미, 존재에 대해 고민하기 시작했다. 하지만 답을 찾을 수는 없었다. 어린아이였기 때문이다. 물어볼 사람도 없었다. 초등학교 이후의 삶은 입시를 위한 삶이었을 뿐이므로 나는 어른이 되기까지 계속 방황하며 궁금증을 안고 살아갔다.

어느덧 40대가 되니 삶의 의미를 조금은 알게 되었다. 내가 왜 이 세상에 태어났는지, 무슨 일을 하기 위해 지금까지 살아온 것인지 알았다. 남은 생에 어떤 일을 하며 어디에 힘써야 하는지에 대한 큰 그림을 그렸다. 무척이나 감사한 일이다. 나의 존재에 감사하고, 이 세상 만물이 나와 함께 존재함에 감사한다.

더불어 가족들에게도 감사의 마음을 전하고 싶다. 나를 낳아 주시고 돌봐 주신 부모님에게도 감사드린다. 부모님은 나의 환경이다. 좋은 환경도, 나쁜 환경도 될 수 있다. 하지만 그것은 아무 문제가 되지 않는다. 나란 존재에게 이 세상을 보여 준 것만으로도 감사하다. 형제에게도 감사한다. 형제가 있음으로 인해 지금의 내가 있음을 감사한다.

사랑하는 아내에게도 감사한다. 가정에서 인정받지 못하는 사람은 사회에서도 인정받을 수 없다. 나를 인정해 주고 존경해 주는 아내가 항상 고맙기만 하다. 나 역시 이런 아내를 사랑하고 존중한다.

아이에게도 감사한다. 자녀는 나의 분신이자 내가 만들어 내는 환경을 대변한다.

나에게는 꿈이 있다. 큰 게임을 만들고, 강연가가 되고 싶으며, 세상을 놀라게 하고 싶다. 하지만 이런 꿈들은 지금까지 살아오면서 나에게 도움을 준 사람들에게 보답하지 않고서는 이루어지지 않을 것이다.

"수신제가 치국평천하(修身齊家 治國平天下)"

《대학(大學)》의 8조목(八條目)에 등장하는 구절이다. '먼저 몸과 마음을 닦아 수양해 집안을 안정시킨 뒤에 나라를 다스리고 천하를 평정한다'라는 뜻이다. 몸과 마음을 닦는 수양은 평생 해야 할 일이며, 나의 부모님, 형제, 배우자, 자녀의 마음을 편하게 하는 것은 집안을 안정시키는 일이다. 그것이 먼저 이루어진 뒤에야 '치국평천하'를 말할 수 있으리라 생각한다. 그러므로 집안을 우선 안정시켜야 한다.

끌어당김의 법칙이란 것이 있다. 아직 널리 알려지지 않은 법칙이지만 조만간 만유인력의 법칙보다 더 유명한 법칙이 될 것이다. 이 끌어당김의 법칙의 핵심은 이렇다.

"생각하는 대로 이루어진다."

그런데 많은 사람들이 원하는 것이 왜 이루어지지 않을까? 그것은 실행하는 방법이 잘못되었기 때문이다. 예를 들자면, 나무에 물을 줘야 하는데 그 나무 옆에 물을 주고 있는 것이라 할 수 있다. 왜 그렇게 되는 것일까? 눈에 보이지 않는 일이기 때문이다. 또한 중요한 점은 이루고 싶은 목표를 정확히 그리라는 것이다. 콜리 크러처의 저서 《일렉트릭 리빙》에서는 다음과 같이 이야기하고 있다.

"원하는 바를 그림으로 그리든 대본을 쓰든 정확하게 그려라.

또한 심장은 두뇌가 발생시키는 전기장의 60~100배만큼 에너지를 발생시키며, 두뇌가 발생시키는 5,000배만큼의 자기장을 발생시킨다."

원하는 바를 정확하게 정해야 한다. 그리고 끌어당겨야 한다. 머리로만 원하는 바를 이루려고 공상해 봤자 아무 소용이 없다. 생각만 하지 말고 세차게 뛰는 심장을 느끼며 갈구해야 한다.

얼마 전, 부모님과 아내, 아들에게 이렇게 말했다.

"조만간 제 개인저서가 나옵니다. 큰사람이 될 테니 조금만 더 지켜봐 주세요. 오래 걸린 만큼 크게 이룰 겁니다. 그러면 더 이상 고생하지 않고 편하게 사실 수 있어요. 성공하면 어머니에게는 집을 사 드리고 아버지에게는 스타크래프트 승합차를 사 드릴게요."

"여보, 이제까지 혼자 해 보겠다고 시작한 일이 결과가 나오기 시작했어요. 우리 전에 말한 아파트로 올해 12월에 이사 갑시다."

"재영아. 아빠가 재영이 좋아하는 자동차 변신 장난감 시리즈 전부 다 사 줄게."

이 말들을 모두 지킬 수 있도록 뛰는 가슴으로 결과를 끌어당기고 가족들에게 보답하는 내가 되고자 한다. 간절히 원하면 이루어진다!

모두가 행복해지는
세상 만들기

현재 우리나라 사람들의 생활은 많이 윤택해졌다. 하지만 빈익빈 부익부 현상으로 못사는 사람은 더욱 못살고 잘사는 사람은 더욱 잘사는 사회가 되었다. 그렇다고 내가 '부자는 나쁜 사람'이라고 생각하거나 '돈 많은 사람들이 없는 사람들을 착취한다'라는 생각에 동의하는 것은 아니다. 나는 성공학을 공부하면서, 부자를 시기하고 부러워하며 절망하는 것은 더욱 가난하게 사는 길이라는 것을 배웠다. 가난한 사람들은 큰돈을 벌 생각을 하지 못하고 월급만으로 살아가려고 한다. 이것은 선악의 개념을 대입할 문제가 아니라 국가적인 차원에서 처리해야 할 문제다.

1960년대부터 1990년대까지 우리나라는 고도의 경제 성장기를 거쳤다. 누구나 열심히 일하면 경제적 걱정 없이 살아갈 수 있는 사회였다. 어디에나 기회는 있었고 누구에게나 열심히 하면 성공할 수 있다는 꿈이 있었다.

하지만 경제적 안정기에 이른 요즘에는 그렇지 않다. 일반 직장인들은 성공은커녕 은퇴한 뒤 연금을 아껴 쓰면서 죽을 날만 기다리는 삶을 살아갈 수밖에 없다.

2016년 현재 우리나라의 국내총생산(GDP)은 1조 4,044억 달러이고, 1인당 GDP는 2만 7,633달러다. 우리나라 돈으로 환산하면 약 3,160만 원이다. 국민 1인당 평균 연봉이 3,000만 원 이상이라는 소리다. 하지만 우리 주변을 보면 연봉이 2,000만 원도 되지 않는 사람이 있는가 하면, 1억 원이 넘는 사람도 있다.

나는 이러한 현상이 집단 간의 사회적 믿음의 부재에서 기인한다고 본다. 정치집단, 경제집단, 시민집단 등은 서로 믿음이 있어야 한다. 하지만 이들의 입장 차이가 너무나 크다.

돈을 많이 버는 사람은 그만큼 세금을 많이 내야 한다. 그러나 그 세금이 나라와 자신에게 도움이 되는지 알 수 없다. 정치집단인 위정자들을 믿을 수 없기 때문이다. 그들이 세금을 더 많이 뜯어내어 자신들의 배만 불리려고 하는 것은 아닌지 하는 걱정이 마음속에 자리 잡고 있다. 이런 불안한 마음을 갖고 있지 않은 선한 경제 주체라 할지라도 많은 세금을 낼 바에는 직접 재단을 꾸리는 방향을 택한다. 물론 횡령, 비리, 배임을 일삼는 경제 주체는 예외다. 신뢰의 대상이 될 수 없기 때문이다.

정치집단의 경우에도 신뢰를 받지 못하기는 마찬가지다. 경제집단과 결탁해 자신의 이익만을 추구하는 자들이 많다. 국가를 위한 사명감과 철학을 가지고 일하는 정치인은 손에 꼽을 정도다. 정치집단은 무엇보다 사람을 먼저 생각하는 철학을 우선으로 가져야 한다. 그런데 왜 철학과 사명감 대신 부동산과 이익만을 추구하는 정치집단이 생기는 것인가. 불편한 진실이지만, 사람들이 탐욕적인 마음을 가지고 있기 때문이다.

시민집단의 경우는 경제집단과 정치집단을 신뢰하지 못하는 문제점을 가지고 있다. '헬조선'이라는 말이 유행할 정도로 이들의 삶은 절망적이다. 또한 이들은 사회에 대한 결정권이 없다. 정치집단이 부패하게 되는 것은 시민집단 때문이라는 말이 있다. 시민의 입장에서 나는 어떠했는지 반성하고 정신적 성장을 위해 노력해야 한다.

"정치인의 수준이 국민의 수준이다."라는 말이 있다. 우리나라는 겉으로 보기에는 멀쩡해 보일지 몰라도 실상은 총체적 난국을 겪고 있다. 이것을 바꿀 수 있는 방법은 하나뿐이다. 집단끼리의 신뢰를 회복하는 것이다.

경제집단과 정치집단은 사회를 이끌어 간다. 그들은 사회에 대한 결정권을 갖기 때문에 많은 돈을 벌고 사회를 위해 봉사해야 하는 책임이 있다. 그러한 이들이 명심할 만한 이야기가 있다.

조선시대 경주에는 '최 부자'라고 불리는 유명한 부잣집이 있었다고 한다. 그 집의 가훈 중 하나가 바로 "사방 100리 안에 굶어 죽는 사람이 없도록 하라."였다. 최 부자는 흉년이 들자 자신의 창고를 개방해 이웃 백성들을 구휼했다고 한다. 진정한 노블레스 오블리주의 표본이라고 할 수 있다.

사회에 대한 결정권이 있다면 사회를 안정시키는 것 또한 필수적이다. 사회를 안정시키는 것이 바로 나 자신을 안정시키는 것이기 때문이다. 또한 중요한 점은 법이 공평해야 한다는 것이다. 지도층의 횡령, 배임 등의 죄는 시민들의 범죄보다 중하게 처벌되어야 한다. 다시는 '무전유죄, 유전무죄'라는 말이 시민들의 입에서 나오지 말아야 한다.

시민집단도 책임에서 벗어날 수 없다. 오히려 그들에게 가장 큰 책임이 있을 수 있다. 자신의 이익을 위해 정치인을 선택하지 말아야 한다. 많은 사람들이 자신의 이익만을 생각했기에 지금 우리나라가 이렇게 된 것이다. 우리는 자신만 잘살겠다는 욕심으로 지도층의 부패를 방치했다. 모두가 잘못했다는 양비론을 말하는 것이 아니다. 우리의 정신수준이 지금의 경제수준을 소화하기에는 아직 부족하다는 것을 말하는 것이다.

나는 어릴 적부터 돈을 많이 벌고 싶었다. 하지만 돈을 벌어도 그것을 어떻게 써야 할지 몰랐다. 100억 원 정도만 있으면 나와 우리 가족이 사는 데는 아무 문제가 없을 것이다. 그러나 세상을 바꾸기 위해서라면 이야기가 달라진다. 많은 사람들이 행복하게 사는 세상을 만들기 위해서는 말만으로는 불가능하다. 나 자신이 경제 주체가 되어야 한다.

나는 우리나라를 바꾸고 싶다. 모두가 행복해지는 세상을 만들고 싶다. 많은 돈을 벌어 많은 사람들에게 영향력을 끼치고 싶다. 사람들의 정신수준을 끌어올려 좀 더 높은 수준의 시민사회를 만들고 싶다.

인간에게 있어 철학과 정신은 매우 중요하다. 경제집단, 정치집단, 시민집단이 모두 높은 정신수준을 가지고 서로를 신뢰하며 살아간다면 얼마나 행복하겠는가. 상상만으로도 기분이 좋다.

50%의 높은 세금을 물려도 외국으로 나가려고 하지 않는 경제집단이 우리나라에 많아졌으면 좋겠다. 국가를 위해 봉사하는 것을 기쁨으로 삼는 정치집단이 있었으면 좋겠다. 남들보다 더 잘 사는 것이 목적이 아닌, 사회의 이익을 위해 정치집단을 선택하는 시민집단이 있었으면 좋겠다.

그런 나라가 된다면 정말로 행복할 것이다. 그러면 사람들이 살아갈 맛이 나지 않겠는가.

'동양과학' 공부해
깊은 깨달음 얻기

인생이란 무엇일까? 깨달음이란 무엇일까? 지식이란 무엇일까?

나는 이 모든 것을 알고 싶다. 이것들을 공부하고 싶다. 삶과 죽음에 대해 알고 싶다. 또한 우리의 정신세계와 세상의 접점을 과학적으로 분석해 보고 싶다.

서양의 과학과 동양의 철학은 다른 길을 걸어왔다. 서양의 과학은 물질세계를 믿는 유물론을 바탕으로, 확실하게 정립된 물리학적 법칙을 기반으로 발전되어 왔다. 반면, 동양의 철학은 물질세계에 대한 실제적인 예시나 검증 없이 정신적인 면만을 중심으로 발전되어 왔다. 물론 동양에도 과학이 있었고 서양에도 철학이 있었지만 많은 조명을 받지는 못했다. 이렇게 동서양의 과학과 철학은 서로 평행선을 그리며 발전되어 왔다고 볼 수 있다. 하지만 양자역학의 발전으로 인해 서양과학의 양상이 바뀌게 된다.

양자역학은 '관찰자'라는 존재를 과학적으로 입증한 학문이다. 관찰자가 있음에 따라 결과가 바뀐다는 의미는 영혼의 존재를 인정한다는 뜻이다. 그것은 현재까지 내려오는 동양철학과 부합하는 결과다.

양자역학에서는 아직 관찰자로서의 존재를 인간에 한정하고 있다. 하지만 동양철학인 불교나 유교, 도교는 인간뿐만 아니라 동물이나 식물도 윤회한다는 관점을 가지고 있다. 모든 생명체는 정신세계를 가지고 있다는 것이 기본 논리다. 또한 동양철학에서는 우주 만물의 원리를 다루고 있다. 서양과학처럼 실증되지 않은 체험적 기록만을 종교처럼 연구하기 때문에 지식의 암기와 깨달음을 얻기 위한 '수행'이라는 것이 보편화되었다.

'육신통(六神通)'이라는 말이 있다. 수행으로 갖추게 되는 여섯 가지 초자연적인 힘을 뜻하는 것이다. 불교에서는 이 육신통을 얻기 위해 수행한 이들이 많다. 여기에도 과학적인 원리가 숨어 있을 것이다. 하지만 체험 사례들만 전해지고 있을 뿐이다.

현재 동양의 철학과 마찬가지로 서양의 정신과학 또한 걸음마 단계에 있다. 서양에는 수백 킬로미터 떨어진 곳에 있는 카드의 모양을 맞히는 투시나 다른 사람의 마음을 읽는 독심술 같은 초능력을 가진 사람들이 많이 보고되어 있다. 하지만 그들은 그저 특별한 사람으로 여겨질 뿐이며 과학적이지 않다고 받아들여진다.

서양과학과 동양철학 모두 단점이 있다. 동양철학의 대가인 고타마 싯다르타나 공자의 이론을 무조건 외우고 추종하는 것만이 능사는 아니다. 선조들처럼 육신통을 배워 체험적 깨달음을 얻을 수도 있겠지만 그것을 추종하는 것은 옳지 않다. 나는 동양철학을 서양과학의 기본인 물리학처럼 공부해 원리를 밝히고 싶다.

천체물리학의 대가인 스티븐 호킹은 그의 저서 《시간의 역사》에서 다음과 같이 말했다.

"우주를 성장하는 어느 시점을 관찰했다면 그 우주가 더 성장한 시점에서 어떻게 변하는지를 알 수 있다. 그리고 우주가 존재한다는 것을 우리가 알고 있으므로 우주의 탄생이 있다는 것을 알 수 있다."

이 말이 어렵게 느껴질 수도 있다. 그렇다면 '우주'라는 말을 '사람'으로 바꿔 보자.

"사람이 성장하는 어느 때를 관찰했다면 그 사람이 더 성장했을 때 어떻게 변하는지를 알 수 있다. 그리고 사람이 존재한다는 것을 아는 이상 우리는 사람의 탄생이 있다는 것을 알 수 있다."

이 말은 생소하게 들리지 않을 것이다. '인간은 소우주'라는 말을 들어 보았을 것이다. 또한 가끔 재미 삼아 보는 사주팔자를 알고 있지 않은가. 나는 그렇다면 우주의 법칙이 인간에게도 적용되리라 생각했다.

사주가 맞지 않아 조소의 대상이 되는 경우는 왜일까? 그것은 실행하는 방법이 틀렸고 그 원리를 과학적으로 탐구하지 않았기 때문이다. 그저 선조들로부터 내려온 내용을 그대로 복습하기만 한 결과라 생각한다.

현재 있는 것을 외우고 실행하는 것만으로는 학문적 발전을 이룰 수 없다. 어떤 지식을 검증해 이해하지 않고 바로 믿기만 하는 것은 종교와 다를 바 없다. 그래서 동양철학이 종교가 된 것이다. 개탄을 금치 못할 일이다.

1만 년이 넘는 역사를 가지고 있는 동양철학이 더 이상 발전하지 못하는 이유는 현시대의 사람들이 그것을 종교로 만들었기 때문이다. 이런 이야기를 하면 거부감을 느끼는 종교인도 있을 수 있다. 하지만 이것은 사실이다. 동양과학이란 말은 어디에서도 찾아볼 수 없기 때문이다.

나는 동양과학을 공부하고 싶다. 학문의 현상을 과학적으로 느껴 보고 싶다. 명리학을 공부하겠다는 것이 아니다. 명리학은 동양철학 중 하나의 예시일 뿐이다. 동양의 모든 철학을 물리학처럼 검증하며 공부하다 보면 동양과학이라는 새로운 학문이 발전

될 것이다. 그것이 우리를 정신적·물질적으로 더욱 성숙시켜 하나의 완성된 생명체로 만들어 주리라 생각한다. 이것이 내가 인류의 발전에 직접적으로 개입하는 방법이다.

나는 더욱 깊이 공부해 인간과 세상에 대한 깨달음을 얻어 대가가 될 것이다. 학문을 새로 만들어 낼 수 있다는 기대에 가슴이 뛴다.

보물지도 7

초판 1쇄 인쇄 2016년 12월 28일
초판 1쇄 발행 2017년 1월   4일

지 은 이   김태광 김지혜 김홍석 유옥주 어성호
          이준희 서명식 김용일 최형선
펴 낸 이   권동희
펴 낸 곳   시너지북
기   획   김태광
책임편집   김진주
디 자 인   이보희
교정교열   우정민
마 케 팅   김응규 허동욱

출판등록   제312-2012-000040호
주   소   경기도 성남시 분당구 수내동 16-5 오너스타워 407호
전   화   070-4024-7286
이 메 일   synergybook@naver.com
홈페이지   www.wbooks.co.kr

ⓒ시너지북(저자와 맺은 특약에 따라 검인을 생략합니다)
ISBN 979-11-87532-33-0 (03190)

이 도서의 국립중앙도서관 출판도서목록(CIP)은 서지정보유통지원시스템
홈페이지(http://seoji.nl.go.kr)와 국가자료공동목록시스템(http://www.nl.go.
kr/kolisnet)에서 이용하실 수 있습니다.(CIP제어번호:2016030768)

시너지북은 독자 여러분의 책에 관한 아이디어와 원고 투고를 설레는
마음으로 기다리고 있습니다. 책으로 엮기를 원하는 아이디어가 있으신 분은
이메일 synergybook@naver.com으로 간단한 개요와 취지, 연락처
등을 보내주세요. 망설이지 말고 문을 두드리세요. 꿈이 이루어집니다.

시너지북은 위닝북스의 브랜드입니다.

※ 책값은 뒤표지에 있습니다.
※ 잘못 만들어진 책은 구입하신 서점에서 교환해 드립니다.